EDIFICES

DE

ROME MODERNE.

LES PLUS BEAUX
EDIFICES
DE
ROME MODERNE,
OU
RECUEÏL DES PLUS BELLES VÜES
DES PRINCIPALES
EGLISES, PLACES, PALAIS,
FONTAINES, &c.
QUI SONT DANS ROME
DESSINÉES
PAR JEAN BARBAULT PEINTRE,
ANCIEN PENSIONNAIRE DU ROY A ROME,

ET GRAVÉES EN XLIV. GRANDES PLANCHES ET PLUSIEURS VIGNETTES ;
PAR D'HABILES MAITRES.

AVEC LA DESCRIPTION HISTORIQUE DE CHAQUE EDIFICE.

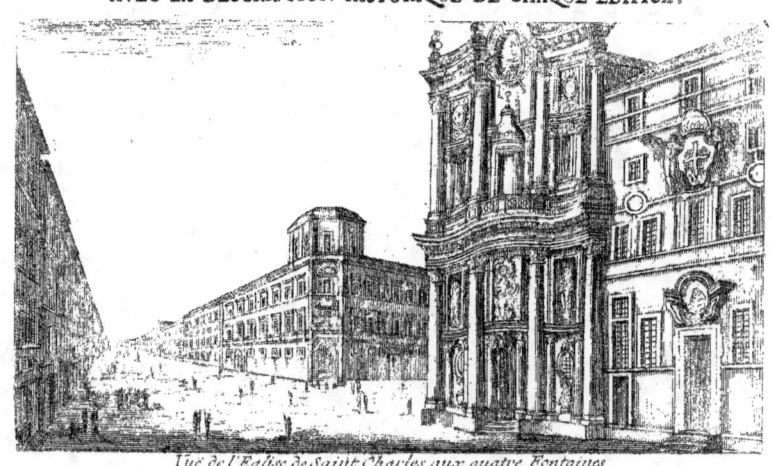

Vüe de l'Eglise de Saint Charles aux quatre Fontaines

A ROME
Chez BOUCHARD & GRAVIER Libraires françois rüe du Cours
près l'Eglise de S. Marcel.

M. DCC. LXIII.
DE L'IMPRIMERIE DE KOMAREK.
AVEC PERMISSION DES SUPERIEURS.

AVERTISSEMENT.

 E feul titre de l'Ouvrage que nous donnons aujourd'huy au Public, nous difpenfe d'entrer dans un détail de ce qu'il contient. Il annonce affez de lui même & quel eft notre plan & quel eft notre objet. Etroitement liée avec la prémiere collection qui parût par nos foins en mille fept-cent foixante un fous le titre Des plus Beaux Monumens de Rome Ancienne, celle-ci en eft une fuite naturelle : il y regne par tout la même unité de deffein qu'on voit dans la prémiere, un même goût & une femblable diftribution. Elle eft enfin exécutée avec toute la diligence & l'exactitude poffibles. Auffi une nouvelle Préface qui dans le fond ne diroit rien de plus que ce que nous avons dejà fait remarquer ailleurs, nous paroîtroit-elle fuperflue.

Quarante quatre différentes vuës des principales Eglifes, Palais, Places, Fontaines, & de quelques autres Monumens publics, deffinés & gravés par les mains des plus habiles maîtres, font, ce femble, des garans affûrés de notre attention & de notre empreffement à fatisfaire le goût & la curiofité des amateurs des Beaux Arts & des Gens de Lettres.

La bonté & l'indulgence que le public a temoignée en recevant l'édition Des plus Beaux Monumens de Rome Ancienne, & l'accueil favorable qu'il a bien voulu faire à ce même ouvrage, femblent dejà promettre à celui que nous avons l'honneur de lui préfenter, un fuccès le plus heureux. En nous encourageant par de fi flateufes efperances, le Public nous a mis dans une étroite obligation de correfpondre d'avantage à ce qu'il étoit en droit d'attendre de nous.

Notre collection n'eft point un corps fec & décharné, un fimple recueil d'Eftampes. Nos planches font toujours acompagnées d'une defcription hiftorique, quoique fuccincte, mais fuffifante, & puifée dans les écrivains les plus accrédités.

Pour le dire en deux mots ; ce que Rome moderne a de plus magnifique en Edifices préfente ici divers points de vuë les plus riants, qui frappent & jettent plus d'une fois dans l'admiration: Ce font autant de Perfpectives qui compenfent en quelque façon ce que l'injure des tems nous a ravi des magnificences de l'Ancienne Rome.

A tous ces débris des Antiquités Romaines qu'offre à nos regards notre premiere collection ; à ces Monumens rarement complets, mais toujours précieux aux yeux de l'Antiquaire, Joignez ces fuperbes Edifices modernes où l'Art femble abfolument s'être épuifé, ces palais fomptueux & immenfes qui compofent Rome de nos jours ; c'eft l'affemblage le plus accompli, le tableau le plus achevé, & le chef d'oeuvre, pour ainfi dire, de ce que peut l'induftrie humaine.

Une fcene fi intereffante & fi variée, où tout ne refpire que le grand & le beau, juftifie abondamment notre entreprife, qui ne peut être qu' avantageufe au progrès des Arts.   IMPRI-

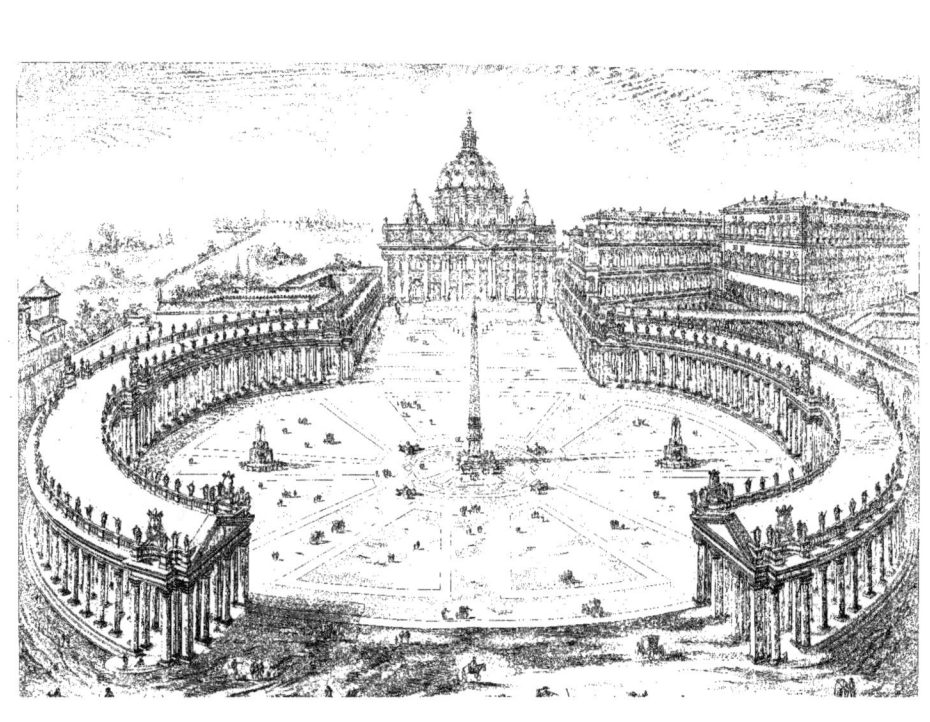

DESCRIPTION
DE L'EGLISE
DE S. PIERRE AU VATICAN.

A magnifique Eglise de S. Pierre au Vatican, le plus beau
Monument de l'univers, a succedé à une autre bâtie au
même endroit, à l'honneur de ce S. Apôtre par Constantin le grand, & consacrée par le Pape S. Silvestre. Cette
prémiere Eglise a durè l'espace de 1200. ans, mais comme
elle menaçoit ruine, on entreprit en 1506. de jetter les fondemens
d'une nouvelle sur le même terrein. C'est de celle ci dont tant d'Auteurs ont déja parlé fort au long, que nous entreprenons aujourd'huy de
donner une description abregée.

La prémiere chose qui excite l'admiration de tous les étrangers, est
une grande place en forme d'amphithéatre dont l'Eglise est précédée. Elle
a 188 pas de long, sur 125 de large; & est environnée de deux grands
& magnifiques portiques formés de 236. colonnes de pierre à quatre rangs,
entremélées de plusieurs pilastres. Au dessus régnent de très belles balu-
strades, sur les quelles on voit 136 Statues, qui représentent les fondateurs de différents ordres religieux, & autres saints. Le dessein en est du
célèbre Chevalier Bernin. Au milieu de cette superbe place s'élève un
obélisque, qui fut conduit à Rome par ordre de Caligula, qui le consa-
cra à la memoire d'Auguste & de Tibere; & le fit placer dans le cirque
du Vatican, appellé dabord de son nom, cirque de Caligula, ensuite cirque de Neron. Le cirque ayant été détruit par Constantin le grand,
l'obélisque demeura enseveli sous les ruines, jusqu'au pontificat de Sixte V.
qui le fit transporter & placer où il est, sous la direction du Chevalier
Fontana. Sa hauteur compris le piédestal & la Croix est de 108. pieds.
Il est d'une seule piéce de marbre granite d'Egipte, ainsi que le piédestal
dont la base est de marbre blanc. Quatre Lions de bronze sur les quels
il est posé, & qui sont placés aux quatre angles. semblent en porter tout
le poids. Sixte V. le dédia à la Croix du Sauveur qu'il voulut lui faire
servir de couronnement, & y enferma du bois de la vraye Croix, en
accordant dix ans d'indulgence à qui la salueroit & prieroit pour l'Eglise.

A une égale distance de l'Obelisque il est à droite & à gauche deux grandes & très belles Fontaines, qui forment une agréable vue,
par la grande quantité d'eau qu'elles jettent fort haut en gerbes, & qui re-
tombe dans des conques de granite d'un beau travail & d'un seul morceau. Celle qu'on voit à main droite, est de Charles Moderne, & celle qui se trouve à main gauche est de Charles Fontana.

La Façade de l'Eglise est veritablement majestueuse; elle est distri-
buée en colonnes, en pilastres & en loges. Le haut est orné de treize

statues

ftatues coloffalles, qui repréfentent Jefus Chrift avec les douze Apôtres, excepté celle de S. Pierre qui eft placée au pied des degrés ainfi que celle de S. Paul. Cette façade eft d'Ordre compofite, & contient cinq grandes portes, outre deux arcades ouvertes aux deux côtés. Huit colonnes qui ont douze pieds de diamétre, & plufieurs pilaftres de pierre foutiennent l'architrave où eft placée cette infcription Latine :

IN HONOREM PRINCIPIS APOSTOLORUM PAVLVS V.
BVRGHESIVS ROM. PONT. MAX. ANNO MDCXII.
PONTIFICATVS VII.

Sous le portique dont la voûte eft ornée de divers ouvrages en ftuc doré, on remarque d'un côté la ftatue équeftre de Conftantin étonné à l'apparition miraculeufe qu'il eut de la croix, lors qu'il fut pour combattre le tyran Maxence : ouvrage du Chevalier Bernin. De l'autre côté, & à l'opofite eft une autre ftatue équeftre repréfentant Charles Magne, ouvrage d'Auguftin Cornachini, mais qui n'eft pas du même mérite que l'autre.

Tout le corps de cet immenfe édifice eft bâti d'une pierre que l'on nomme travertine, & qui eft très belle. L'Eglife eft conftruite en forme de croix latine, fur le deffein du fameux Bramante. Sa longueur eft de 580. pieds, fa largeur dans la croifée de 439. fa hauteur de 154. Sixte V. fit élever le dôme également merveilleux eft fomptueux qui en fait le principal ornement. il a 134. piéds de largeur, 412. de hauteur en dedans, & 428. en dehors y comprifes la boule & la croix. Sa circonference extérieure eft de 465.-pas, enrichie de divers ornemens d'architeéture ; le tout du deffein du célébre Michel Ange Buonarotti, qui en prit l'idée du fameux Panthéon, mais qui ne fut exécuté que par jacques de la Porte, & le Chevalier Fontana.

Avant que d'entrer dans l'Eglife, & d'en parcourir les merveilles, on doit remarquer les dehors qui font dignes d'être vus. Il régne tout au tour une très belle ordonnance. Grand nombre de Statues, Pilaftres, Colonnes & autres ornements le décorent: on admire furtout la grande porte de bronze faite par ordre d'Eugéne IV. qui eft ornée de bas-reliefs qui repréfentent le martyre des Apôtres S. Pierre & S. Paul. Au deffus eft un autre bas-relief en marbre, où eft repréfenté le Sauveur confiant fon troupeau à S. Pierre. Ouvrage du Chevalier Bernin. Outre cette porte qui eft au milieu comme la principale, il en eft quatre autres deux de chaque côté, dont trois font flanquées de colonnes de marbre violet ; la dernierre à main droite en entrant refte toujours murée, & ne s'ouvre que dans l'Année Sainte.

Rien cependant n'eft égal à ce qu'on découvre en entrant : dabord on eft frappé de la beauté du pavé, de la magnificence & de la longueur de la grande voûte revêtue d'un bout à l'autre de ftucs dorés, travaillés

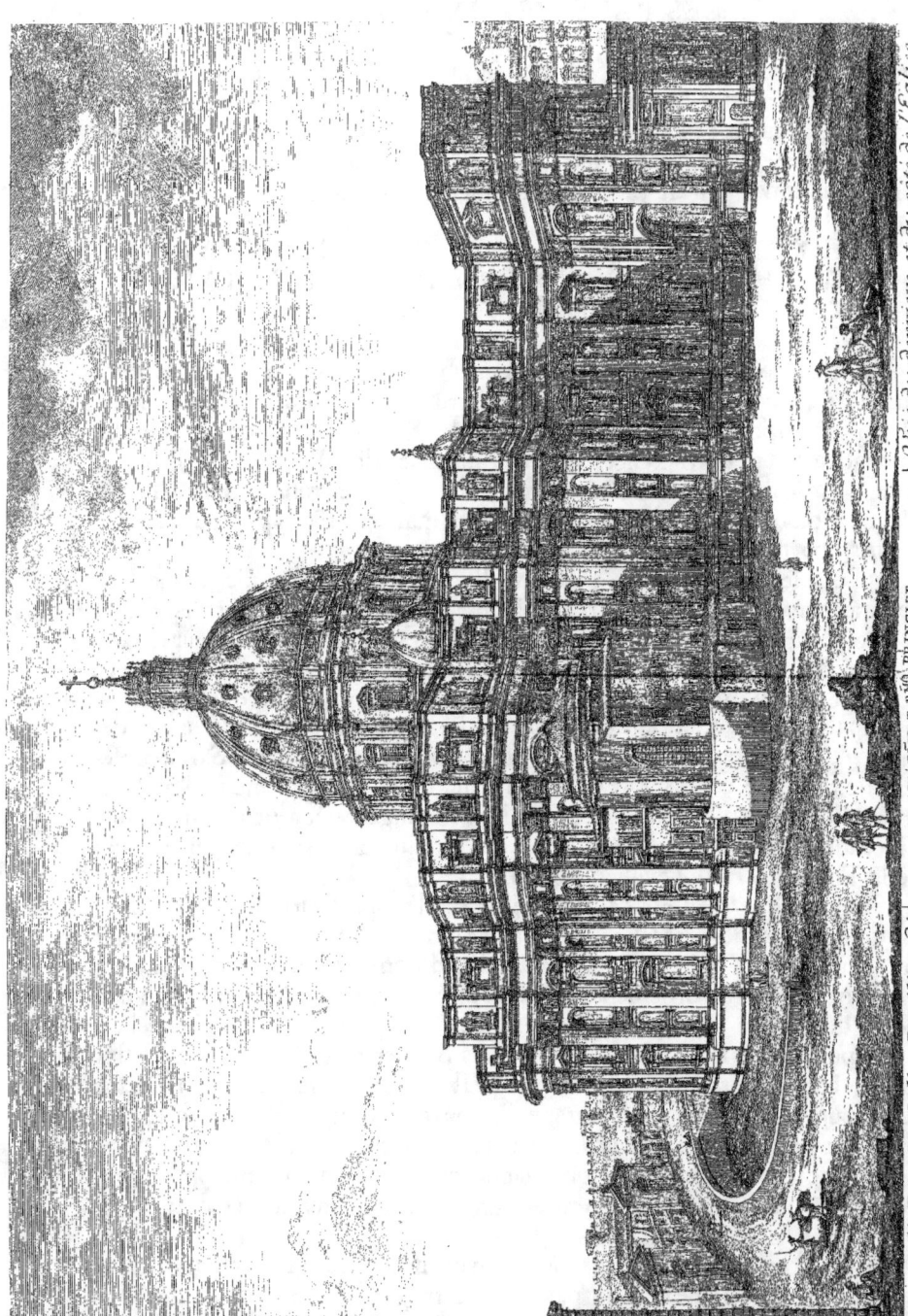

Veduta dell' Esterno della Basilica di S. Pietro in Vaticano. Architettura di Michel-Angelo Buonarota. 1 Sagrestia.

ALL EMO E RMO PRINCIPE IL SIG. CARDINALE CARLO REZONICO Del Titolo di S.Clemente. Nilis S.R.C. Camerlingo &c&c.

Vue du derriere et du côte de l'Eglise de Saint Pierre au Vatican. Architecture de Michel-Ange Buonarota. 1 Sacristie.

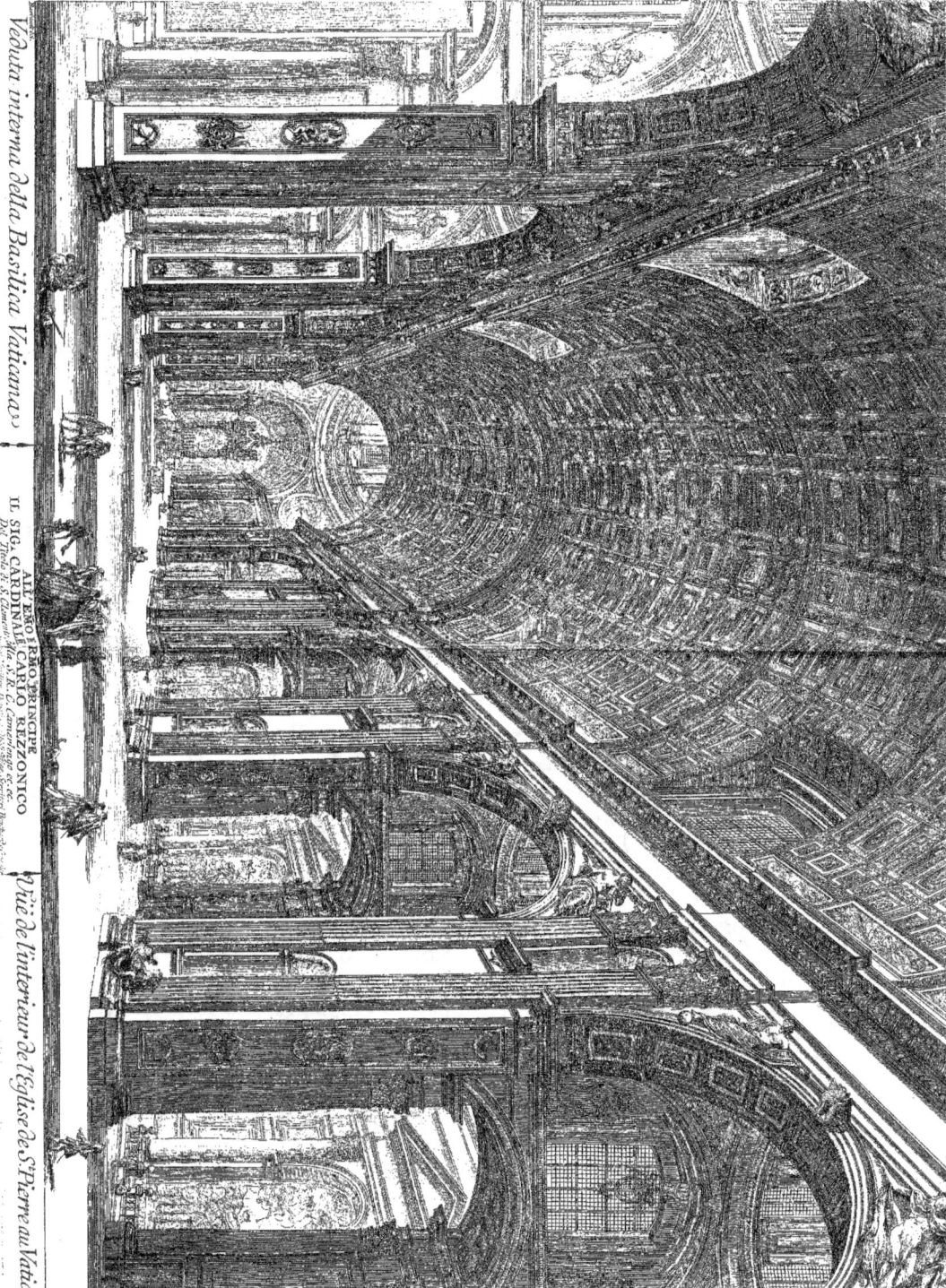

Veduta interna della Basilica Vaticana

ALL'EMO PRINCIPE
IL SIG. CARDINAL CARLO REZZONICO
Della S.R.C. Camerlengo &c. &c.

Vüe de l'interieur de l'Eglise de St Pierre au Vatican

lés d'un grand goût, & enrichie de divers ornemens de toute espéce, d'un grand nombre de colonnes, statues, bas-reliefs, figures symboliques en marbre & en bronze tous ouvrages finis qui s'offrent à la vüe de toutes parts. Aux côtés des piliers de la grande nef on remarque, les bustes en forme de médailles, en bas-reliefs de marbre de 46. Pontifes martyrs soutenus de deux Anges, avec une Colombe au dessus, qu'avoit pour armes Innocent X. par odre de qui cet ouvrage fut éxécuté. Outre cela il y a des niches pratiquées dans l'épaisseur des piliers, distribuées avec beaucoup de goût & de simétrié autour de l'Eglise, & où sont placés les statues des fondateurs des ordres religieux & autres saints, qui sont toutes de bonne main. Dans les piliers du dôme il y a quatre statues de marbre, qui ont 15. pieds de hauteur, & qui représentent Sainte Veronique, qui est de François Mochi, Sainte Héléne, d'André Bolgi, Saint André, de François Quesnoy. Le Saint Longin qui est la quatriéme, est du Chevalier Bernin. La statue de S. Pierre en bronze, assise dans l'atitude de donner la benediction, que l'on trouve auprès du dernier pilier, a été faite de celle du fameux Jupiter Capitolin.

Le maître Autel qui est isolé, & où le Pape seul peut célébrer, est placé sous le dôme au milieu de la Croix que forme l'Eglise. Un superbe daix ou baldaquin dont le dessein est du Chevalier Bernin le couronne, & le rend d'une magnificence qui n'a guéres de pareille. Ce Baldaquin est soutenu de quatre grosses colonnes torses revêtues de feüillages, & ornées ainsi que le baldaquin de différentes figures d'enfans ou d'anges, le tout est de bronze. Sous le maître Autel est le tombeau des Apôtres S. Pierre & S. Paul, qui renferme une partie de leurs corps, & qu'on nomme la confession de S. Pierre.

Il y a une petite chapelle où l'on descend par un escalier double environné ainsi que l'enceinte de son ouverture, d'une magnifique balaustrade de marbre fin, & éclairée de plus de cent lampes d'argent disposées à l'entour, qui brulent continuellement ; & qui sont soutenues par des cornes d'abondance de cuivre doré. Le bas est orné de pierres rares, de figures d'Anges & des statues de S. Pierre & de S. Paul en bronze doré.

Notre dessein cependant n'est pas de rapporter dans le dernier détail, tout ce que renferme de magnifique & de curieux cette Auguste maison du Seigneur. Un volume y suffiroit à peine. Nous nous arrêterons donc seulement à ce qu'il y a de plus considérable.

On y compte vingt sept Autels, dont les tableaux sont de la main des plus grands maîtres, & ont été presque tous mis en mosaïque. Il est peu de chapelles, qui n'ayent un dôme, & peu de ces dômes, qui ne soient aussi ornés de peintures en mosaïque. Mais pour mettre quelqu'ordre dans ceque nous allons rapporter, nous ferons le tour de l'Eglise, en commençant par la prémiere chapelle à main droite en entrant ; qui est celle du Crucifix. On y peut admirer la fameuse piéce de sculpture en marbre, représentant un Christ mort, dans le sein de la Vierge ; ouvrage de Michel Ange Buonarotti . On trouve ensuite le Mausolée de la Reine Christine de Suéde, en bronze, qui luy fût élevé par Clement XI. sur le dessein du Chevalier Charles Fontana.

Dans la seconde chapelle le tableau de l'Autel , qui représente le martyre de S. Sébastien avec quantité de figures, a été mis en mosaïque par le Cristofori d'après l'oginal du Dominiquain ; après quoi s'offre à la vuë le Mausolée en marbre, de la Comtesse Matilde , que lui fit élever Urbain VIII. La statue de la Comtesse est de Laurens Bernini . Vis-à-vis , & dans la même nef est celui d'Innocent XII. de la maison Pignatelli , dont la sculpture est de Philippe de la Val Florentin .

Dans la Chapelle du S. Sacrement , le tableau de la Sainte Trinité est de Pierre de Cortonne . Les peintures du Dôme , & de la Chapelle sont du même, & mises en mosaïque par Guido Ubaldi. Le Tabernacle de Pierre d'Azur & de bronze doré, est un des plus beaux ouvrages du Chevalier Bernin.

Dans cette Chapelle est le tombeau de Sixte IV. en bronze , représenté couché, ayant à l'entour différentes figures, qui sont autant d'emblêmes des sciences & des beaux-Arts. Cet ouvrage est du Pollaiolo Florentin. Hors de la Chapelle on trouve le Mausolée de Grégoire XIII. dont la statue, qui est de Camille Rusconi, est un ouvrage estimé . En face est celui de Grégoire XIV. mais sans ornemens. A l'autel de Saint Jerôme, le tableau qui représente ce Saint est du Dominiquain . Il a été mis en mosaïque par le Cristofori .

On apperçoit ensuite la grande Chapelle de la Vierge bâtie par Grégoire XIII. sur le dessein de Michel Ange . Les peintures du Dôme en mosaïque sont d'après le Mutien .

Dans l'Autel suivant, le S. Basile qui célébre le Saints Mysteres en présence de l'Empereur Valens , est un ouvrage de Monsieur Subleyras François; il a été mis en mosaïque comme les autres . Le tableau à fresque qui est en face, représente le Seigneur qui lave les pieds aux Apôtres . Il est du Chevalier Paul Baglioni . Du même côté , à l'extrémité de la grande Croisée, on trouve le tableau de Saint Erasme en mosaïque , d'après l'original du célébre Nicolas Poussin . On trouve après cela à l'un des piliers qui soutiennent le dôme, un Autel dont le tableau représente S. Pierre, qui étant sorti de sa barque , marche sur les eaux , par le commandement du Seigneur. Ce tableau a été mis en mosaïque , d'après l'original du Chevalier Lanfranco. On trouve encore du même côté, deux autres autels ; le premier est celui de Saint Michel Archange; le tableau qui le représente, est d'après l'original du Guido qui est dans l'Eglise des Capucins ; C'est le dernier qui ait été mis en mosaïque . Le second autel est dédié à Sainte Petronille. Le tableau qui la représente, & qui est le meilleur ouvrage du Guercino, a été mis en mosaïque par le Cristofori. Le dernier ouvrage remarquable de cette nef est le mau-

solée

folée de Clement X. orné de plufieurs figures de bonne main. La ftatue du Pontife eft l'ouvrage d'Hercule Ferrata.

Au fond de l'Eglife eft placé l'autel de la chaire de S. Pierre. Cette chaire eft un Monument de l'antiquité : elle eft de bois, & a été apportée d'Antioche à Rome. Elle fut renfermée par ordre d'Alexandre VIII. dans un autre de bronze foutenue par quatre figures pareillement de bronze d'une énorme grandeur, qui repréfentent les quatres principaux Docteurs de l'Eglife : deux de l'Eglife grecque, S. Jean Chrifoftome & S. Athanafe, & deux de l'Eglife Latine, S. Ambroife & S. Auguftin. Le tout eft de l'invention du Chevalier Bernin. Aux deux côtés de l'autel font placés deux Maufolées. Du côté de l'Epitre eft celui d'Urbain VIII. en bronze, fur le deffein du Chevalier Bernin, qui a travaillé lui même les deux excellentes figures en marbre, qui repréfentent la Juftice & la Charité. Du côté de l'Evangile eft le maufolée de Paul III. dont la ftatue eft en bronze : elle a à fes pieds deux autres ftatues de marbre, qui repréfentent la mére & la foeur du même Pontife fous les emblêmes de la prudence & de la juftice, du cifeau de Guillaume de la Porte.

Après avoir donné toute fon attention, à ces chefs d'oeuvre de l'art & du bon goût, il faut paffer à la feconde nef, pour en admirer d'autres. Le premier objet digne de confidération qui s'y préfente d'abord, c'eft le maufolée d'Alexandre VIII. La ftatue du Pontife eft de marbre, ainfi que deux autres placées aux pieds du tombeau. Entre plufieurs ouvrages de marbres précieux & d'albatre, qui ornent ce tombeau, on admire un bas-relief, qui repréfente une Canonifation faite par ce Pape, de la main d'Ange de Roffi, & qui eft regardée comme une merveille de l'art. Enfuite de ce maufolée, on trouve l'autel de S. Leon, où l'on voit aulieu de tableau, un grand bas-relief, où la Saint eft repréfenté parlant à Attila, pour le détourner de venir facager Rome. L'ouvrage eft du Chevalier Alexandre Algardi. L'expreffion du Pontife eft admirable, tant la figure paroit pleine de vie.

Après l'autel de la Vierge appelée de la colonne, on remarque le beau Maufolée d'Alexandre VIII. Le dernier du deffein du Chevalier Bernin. La ftatue qui repréfente la Verité eft de fa main. A l'autel qui eft vis-à-vis, eft un tableau qui paffe pour le chef d'oeuvre du Chevalier Vanni. Il repréfente la chute de Simon le magicien. Dans le fond de la grande croifée, font trois autels, dont nous paffons les peintures fous filence, pour n'être pas trop diffus.

Au deffus de la porte de la Sacriftie, le tableau où S. Pierre délivre un demoniaque eft de la main du Romanelli. Le tableau de l'autel en face, qui repréfente le crucifiement de S. Pierre, eft du Chevalier Paffignani. On trouve enfuite la Chapelle de S. Grégoire, autrement appelée Clementine, par ce qu'elle fut élevée, par ordre de Clement VIII. fur le deffein de Michel Ange. Le tableau du Saint dans l'attitude de célébrer les faints myftéres, & montrant le corporal enfenglanté eft un

C   des

des meilleurs ouvrages d'André Sacchi . L'Autel que l'on découvre à main gauche contient un tableau, qui repréfente le chatiment d'Ananie & de Saphire; du Chevalier Roncalli, mis en mofaïque par Pierre Adami . Vis-à-vis, font les Maufolées d'Innocent XI. & de Leon XI. en face l'un de l'autre. Le premier eft compofé de marbre & de bronze doré, & fut élevé fur le deffein de Charles Maratti : on y voit la ftatue du Pontife, avec celle de la juftice & de la religion, & un bas-relief; le tout du cifeau di M. Monnot Bourguignon. Le fecond qui eft d'un travail fini, eft l'ouvrage de l'Algardi, écepté les deux ftatues de la Majefté, & de la libéralité, qui ont été faites par fes difciples, & qui font dignes du maître.

Dans la Chapelle du coeur des chanoines, le tableau de l'Autel, qui repréfente la Conception de la Vierge, & plufieurs autres Saints a été mis en mofaïque, fur l'original de Pierre Bianchi, par les élèves du Chriftofori. On conferve dans cet Autel le Corps de S. Jean Chrifoftome. Les peintures du Dôme, qui font en mofaïque font de différends auteurs. Quand on eft forti de cette Chapelle, le premier Monument qui fe préfente eft le tombeau d'Innocent VIII. qui eft entierement de bronze. On y voit deux figures qui repréfentent le Pontife. La premiere plus élevée eft affife accompagnée d'autres petites figures. la feconde eft couchée. L'Autel qui fuit contient le tableau de la préfentation de la Vierge au temple, d'un fort beau mofaïque, par Chriftofori, fur l'original de Romanelli. Le tombeau que l'on trouve enfuite eft de Marie Clementine Sobieski Reine d'Angleterre, orné de Statues, & de fon portrait mis en mofaïque par le Chriftofori. La derniere chofe qui refte à remarquer dans cette nef eft la Chapelle des Fonts Baptifmaux, qui font formés d'une magnifique urne de Porphire, qui fervit d'abord à couvrir le tombeau de l'Empereur Adrien, & enfuite celui de l'Empereur Otton II. Innocent XII. la fit tranfporter où elle eft aujourd'hui, & dans le tranfport qu'on en fit, elle fe rompit en morceaux. L'on voit auffi dans cette Chapelle trois tableaux en mofaïque, dont le plus beau eft le baptéme de Jefus Chrift dans le jourdain, d'après l'original du Chevalier Maratti.

Nous ne parlons point des grottes & des Chapelles foutéraines de cette Eglife, du grand nombre de reliques & de corps faints qui y répofent, d'un nombre infini d'Autels, de fepulcres, peintures, fculptures, infcriptions & autres monumens antiques & refpectables, qu'elle referme; nous paffons auffi fous filence. les richeffes & les meubles magnifiques de la Sacriftie : le détail de toutes ces chofes non feulement excéderoit les bornes que nous nous fommes prefcrites, mais demanderoit, comme nous l'avons déja dit, un volume entier; ce que ne permet pas la nature de cet ouvrage.

LE PALAIS DU VATICAN.

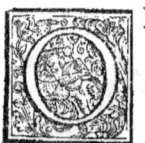

O N prétend que le Palais du Vatican destiné à être la demeure des Souverains Pontifes, a été donné originairement par Constantin le grand au Pape S. Silvestre. L'état où il est ajourd'hui est l'ouvrage de plusieurs Papes, qui en différens tems, y ont faits différens changemens & diverses augmentations. Il est remarquable sur tout, par sa grandeur & par le grand nombre d'excellentes peintures à fresque, statues antiques & autres raretés qu'il renferme. On y compte vingt deux cours, vingt grands éscaliers, douze grandes Sales, deux grandes chapelles, & huit autres plus petites, & environ 3600. chambres. Les Architectes les plus célébres, qui ont travaillé à l'agrandir & à l'embelir ont été le Bramante, Rafaël d'Urbin, le Fontana, Charles Maderne & le Bernin. A l'égard des peintres qui y ont travaillé, les plus célébres sont Rafaël & Michael Ange, Jules Romain & Charles Maratte. Les statues les plus estimés sont celles du Laocoon, l'Antinoüs, la Vénus, la Cléopàtre, l'Apollon & le Tors. Sixte V. a fait bâtir la bibliothéque, qui est la plus belle, & la plus riche en manuscrits anciens qui soit au monde. On y voit aussi un fort bel arsenal, que fit faire Urbain VIII. & qui contient de quoi armer 60000. milles hommes, dont 20000. de Cavalerie, & 40000. d'Infanterie.

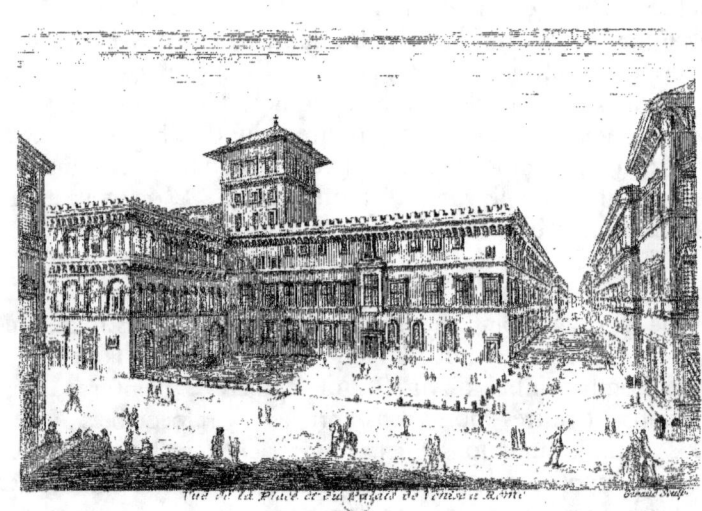

Vüe de la Place et du Palais de Venise a Rome.

D S. JEAN

S. JEAN DE LATRAN.

Ette Eglife qui eft la premiére de Rome, & du Monde entier tire fon nom d'un palais de la famille Latérani, fur les ruines du quel elle fut élveé par Conftantin le Grand. Boniface huit la décora d'un chapitre de Chanoines Séculiers, qui la deffervent. Le beau portail que l'on voit dans la planche à côté eft dû à la piété de Clement XII. qui le fit élever fur le deffein & fous la direction d'Alexandre Galilée. Il eft d'ordre compofite, enrichi d'une grande quantité de marbres, élegamment entremêlés avec les pierres, & divifé en deux portiques de cinq arcades chacun. L'inférieur dans fes deux parties, interieure & extérieure eft foutenu par 34. pilaftres de marbre, avec leurs chapiteaux & leurs bafes de même. Le portique fupérieur renferme une magnifique loge, d'où le Pape donne la benediction au peuple : les arcades ornèes de baluftrades de marbre de Carrara, y forment comme autant de balcons. *Le frontifpice* du portail eft foutenu par quatre grands piliers ronds au milieu, & par deux pilaftres de chaque côté. Sur l'angle faillant eft placée une ftatue de pierre, de la hauteur de 30. palmes, repréfentant Jefus Chrift reffucité; & celle ci eft accompagnée de dix autres de vingt-fept palmes chacune, qui repréfentent les deux Saints Jean, & les docteurs de l'Eglife grécque, avec ceux de la latine. Les piedeftaux fur les quels elles font élevées, répondent à chacun des piliers de la façade. Deux autres ftatues, qui font S. Eufebe de Verceil, & S. Thomas d'Aquin ornent la partie latérale; Le côté du palais eft embelli par deux autres de même grandeur, & qui font S. Bonaventure, & S. Bernard. Audeffus du frontifpice régne tout au tour une fuperbe baluftrade, qui enfemble avec les ftatues couronne l'ouvrage.

On entre dans cette magnifique Eglife par trois portes, celle du milieu eft de bronze antique. On eft dabort frappé en y entrant de la beauté du platfond, qui eft d'une fculpture admirable, & parfaitement doré. Les deux côtés de la grande nef font décorés des ftatues des douze Apôtres, parmi les quelles le Saint Barthelémi de Monfieur le Gros eft réputée la meilleure. Toutes les niches où elles font pofées, ont chacune pour ornement deux colonnes de marbre verd antique, & font revêtües, de marbres fins. Audeffus des corniches l'on voit des bas-reliefs de ftuc, repréfentant les myftéres de la paffion du Sauveur. Sur le grand Autel s'éleve un dais dans le goût Gothique, foutenu par quatre colonnes: il couvre un tabernacle grillé, dans le quel on voit deux buftes d'argent, enrichis de pierreries, qui renferment les têtes des deux Apôtres S. Pierre & S. Paul.

L'autel du S. Sacrement eft auffi très remarquable. C'eft un grand Baldaquin de bronze doré, porté fur quatre groffes colonnes canelées de

même

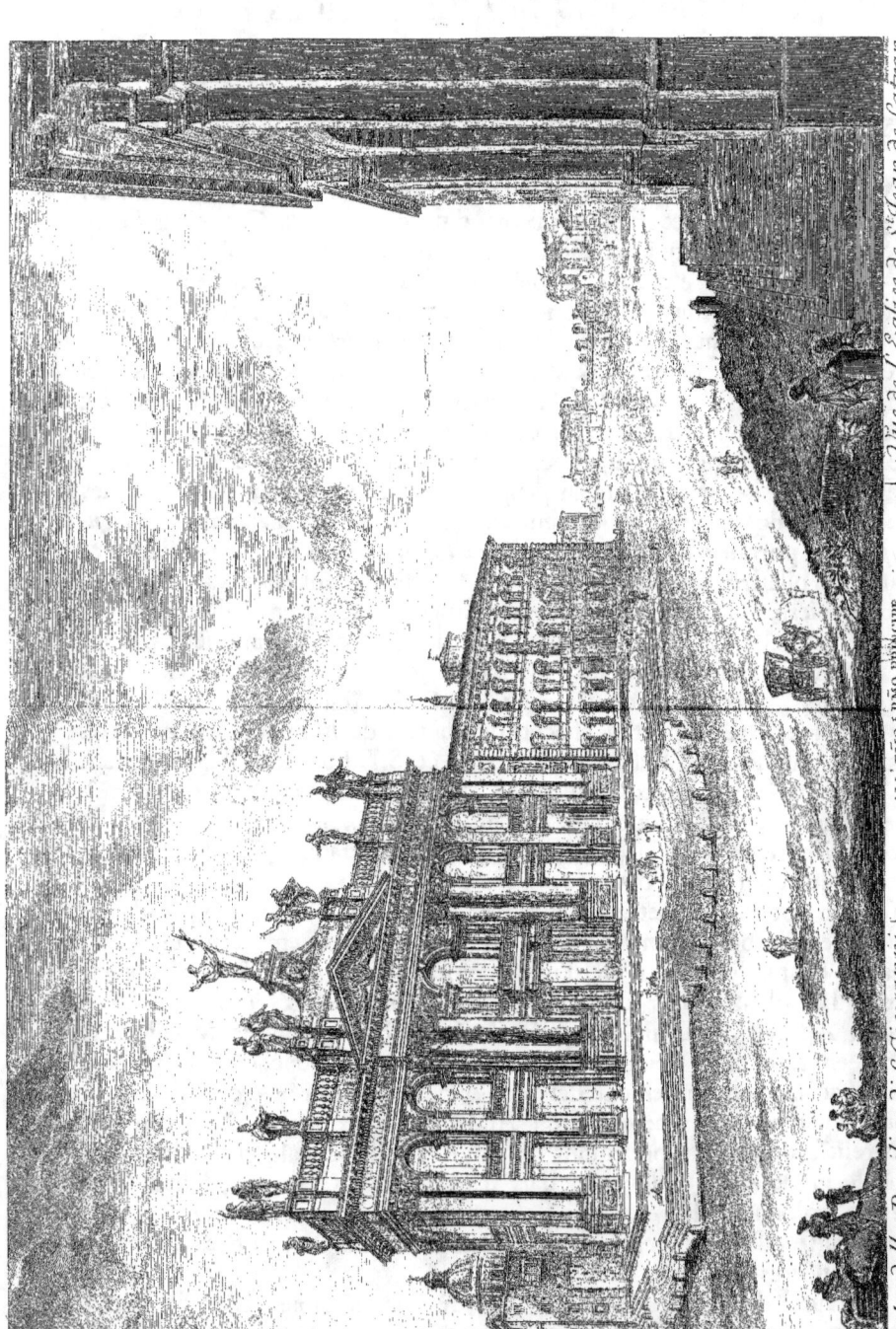

Veduta della Basilica di S. Giovanni Laterano. Architettura di Alessandro Gallilei.

1 Cupola, fabbricata da Clemente XII Corsini. 2 Palazzo fabbricato da Sisto V ora Conservatorio di Nubili. 3 Triclinio del Pontefice S. Leone III.

ALL' EMO E RMO PRINCIPE
IL SIG. CARDINALE NERIO CORSINI

Vue de l'Eglise de St. Jean de Latran. Architecture d'Alexandre Gallilei.

1 Chapelle, bâtie par Clement XII Corsini. 2 Palais bâti par Sixte V, où habitent aujourd'huy les Pauvres Filles orphelines. 3 Triclinie du Pontif. S. Leon III.

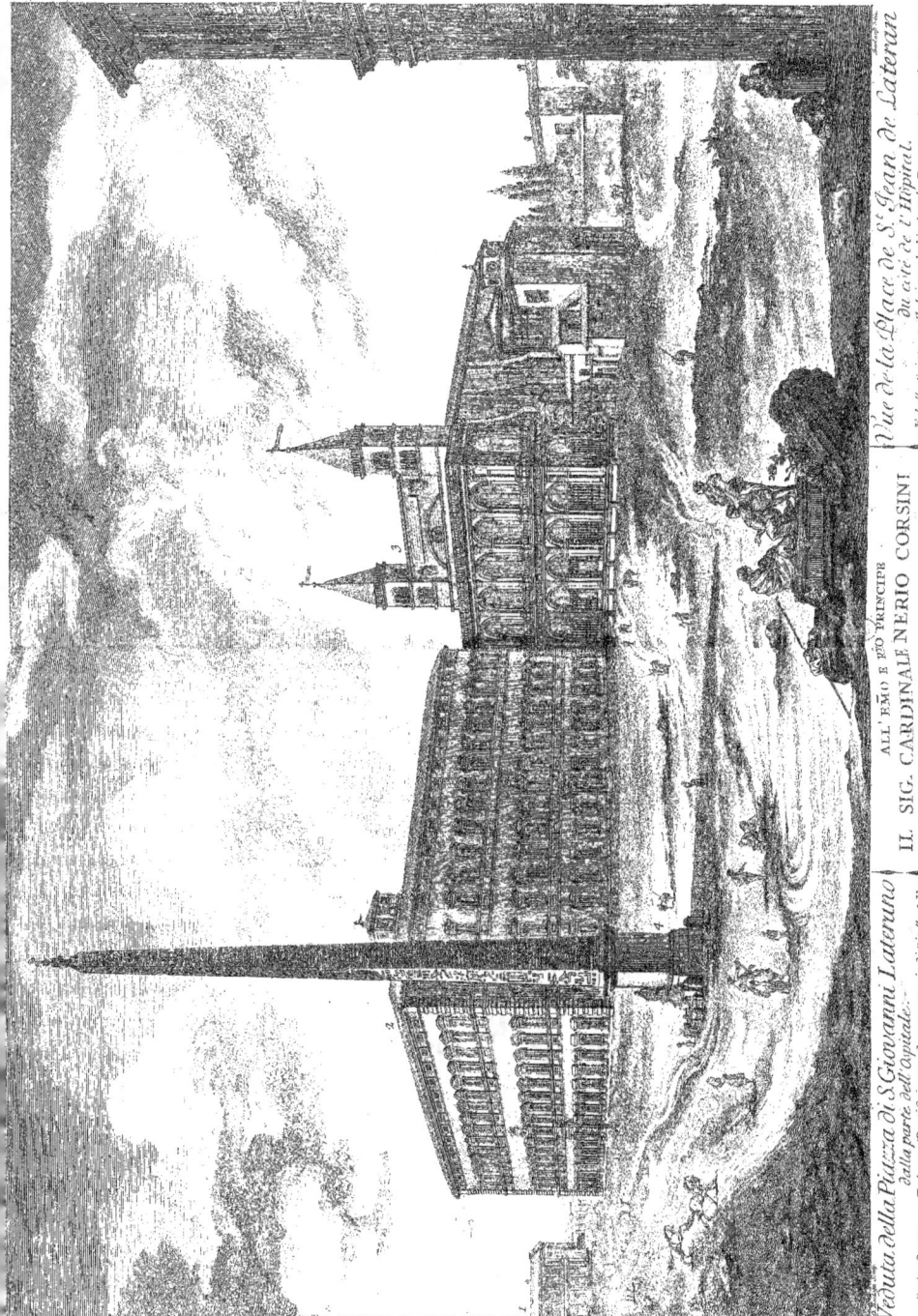

Veduta della Piazza di S. Giovanni Laterano
dalla parte dell'Ospitale.

ALL'EMO E RMO PRINCIPE

Il. SIG. CARDINALE NERIO CORSINI

1. *Scala Santa.* 2. *Palazzo Pontificio, ora Conservatorio di Zitelle.* 3. *Por-*
tico Laterale della Chiesa. 4. *Obelisco fatto innalzare da Sisto V.*

Vue de la Place de St. Jean de Lateran
du côté de l'Hôpital.

1. *Echelle Sainte.* 2. *Palais où habitoient les Papes et qui au present au contre-*
pour les Pauvres filles. 3. *Portique Lateral de l'Eglise.* 4. *Obelisque éleve par Sixte V.*

même metal . On prétend communément qu'elles ont fervi d'embeliffe-ment au temple de Jupiter Capitolin ; mais il eft plus vraifemblable, ainfi que l'affurent divers auteurs, qu'elles ont été tranfportées de Jerufalem à Rome par l'Empereur Vefpafien, pour fervir à fon triomphe . Le ta-bernacle eft d'une pierre très rare, & d'un grand prix . Audeffus de l'au-tel eft placé un bas-relief d'argent maffif, repréfentant le Sauveur du mon-de, inftituant le S. Sacrement de l'Euchariftie dans la derniére céne qu'il fit avec fes Apôtres .

Les peintures à frefque fur les murs au deffus du baldaquin font du Chevalier d'Arpin . Il y a plufieurs autres peintures, bas-reliefs & fta-tues qui font de bonne main, & qui meritent d'être remarquées .

La Chapelle à côté fermée de vitrages fervant de choeur aux chanoines pendant l'Hiver, eft de la maifon colonne, elle merite d'être vue pour les belles peintures , marbres fculptés & bronzes dorés d'un beau travail qu'elle renferme .

La Chapelle de S. André Corfini, couverte d'un beau dôme fut bâ-tie par le Pape Clement XII. qui defcendoit de la même famille . Elle eft d'ordre Corinthien, & toute d'un marbre précieux ; ornée de bas-re-liefs, colonnes, bafes & chapiteaux de marbre. Le même Pontif y fit placer cette précieufe urne antique de porphire, qui reftoit inutile fous le portique de l'Eglife de la Rotonde, pour lui fervir de tombeau . Ses murs font partout incruftés de marbre *perfichino* &c. Son pavé eft di-vifé en compartimens bien ménagés, & tout de marbres de différentes couleurs qui y forment des rofes, & d'autres figures . Cette chapelle qui eft féparée de l'Eglife par un magnifique grillage de bronze, en cou-vre une autre foutéraine, où l'on voit un bel autel ifolé, avec un group-pe de marbre blanc, qui repréfente Jefus Chrift mort fur les genoux de fa fainte mére. C'eft la Sepulture de l'illuftre maifon Corfini.

L'orgue de l'Eglife eft auffi fort remarquable, tant pour la délicatef-fe du travail , que pour la magnificence de la dorure . Il eft placé au deffus de la porte latérale. Nous renvoyons à la planche fuivante l'ex-plication de ce qui nous refte à dire de cette magnifique bafilique , & du palais Pontifical , qui eft à côté.

La façade latérale de S. Jean, fut élevée par Martin V. mais étant tombée en ruine, elle fut rebâtie par Pie IV. qui y ajouta les deux clochers. Sixte V. l'augmenta depuis d'un double portique, dont le fupe-rieur, embelli de peintures, & de ftucs dorés fût deftiné pour donner la benediction au peuple .

De l'autre côté, & contigu à la Bafilique, fe préfente le palais Pon-tifical, qui fût long tems habité par les Papes ; & qui le feroit peûté-tre encor aujourd'hui, fi leur longue réfidence à Avignon, en le faifant totalement négliger, ne l'eut fait tomber en ruine. Grégoire XI. qui re-tablit le Saint Siége à Rome, fut forcé de fe loger au Vatican . Sixte V. toujours paffionné pour l'embeliffement de cette capitale du Monde, fit

E bâtir

bâtir pour la commodité de ſes ſucceſſeurs qui voudroient aller officier à S. Jean de Latran, celui que l'on voit aujourd'hui, & dont Innocent XII. fit un hoſpice pour les pauvres filles, qui l'ont occupé juſqu'a préſent. Il eſt de l'architecture du Chevalier Dominique Fontana. L'éſcalier, & les ornemens des deux portes principales ne ſont pas ce qu'il y a de moins curieux à voir dans ce palais, non plus que la quantité de ſes fenétres, ſes planchers dorés & ſes peintures à freſque, qui repréſentent quelques morceaux de l'hiſtoire ſainte, & de celles des Papes.

L'Obeliſque élevé dans la place de S. Jean de Latran, eſt le plus haut que l'on voit à Rome; quoi qu'au rapport d'Ammien Marcellin, il fut encor plus grand autre fois qu'il n'eſt aujourd'hui. La difficulté de le tranſporter, détourna Auguſte du deſſein d'en embelir Rome; mais Conſtantin le grand plus entreprenant, ou mieux conſeillé que lui, l'ayant fait deſcendre par le Nil juſqu'à Alexandrie; Conſtance ſon fils mit fin à un projet, que la mort de ſon pére lui avoit empêché d'exécuter. Il le fit heureuſement paſſer en Italie, ſur un vaiſſeau de 300. rames, d'une conſtruction ſinguliére, fait exprés; & le plaça au-milieu du grand cirque. Cet Obéliſque eſt celui de Rameſés, qui en avoit orné dans Thébes un temple dédié au Soleil: mais cette capitale de l'Egypte ayant été entierement détruite, Cambiſe le retira de deſſous ſes ruines. Il eſt d'un granitte rouge, & chargé ſelon l'uſage des Egiptiens d'hiérogliphes. Le lecteur qui voudra être inſtruit, dans un plus grand détail, de ce qui regarde les Obeliſques, poura recourir au livre des Monumens de Rome ancienne page 43.

Il nous reſte à parler du célébre Sanctuaire, où l'on monte par vingt quatre marches de marbre blanc, qui eſt tout près de l'Egliſe dont nous parlons, & que l'on nomme *LA SCALA SANTA*. On croit que ce ſont les mêmes, que JESUS CHRIST, dans le tems de ſa paſſion, monta & deſcendit ſouvent, dans le palais de Pilate. Sainte Hélénc, Mere de Conſtantin, non moins illuſtre par ſon rang que par ſa piété les fit tranſporter de Jeruſalem à Rome. Les fidéles ont coûtume de les monter à genoux, en conſideration du ſang que le fils de Dieu y répandit. Il y a de grandes indulgences attachées à cet acte de dévotion. Quand on eſt au haut de l'éſcalier, on adore une image miraculeuſe du Sauveur, arrachée par un prodige à l'impiété de l'Empereur Leon, qui étoit infecté de l'erreur des Iconoclaſtes, commencée par Saint Luc, & finie par les Anges, comme l'on peut s'en inſtruire par les Monumens authentiques, conſervés avec ſoin, dans les archives de S. Jean. Ce lieu eſt appellé le *Sancta Sanctorum*, parcequ'en l'année 800. le Pape Leon, outre pluſieurs ornemens dont il l'embellit, y plaça une caiſſe de cyprés, qui renferme pluſieurs autres caſſetes, pleines de reliques ſingulieres, & entr'autres divers morceaux des inſtrumens de la paſſion, tels que la Canne, l'Eponge, la Lance, & une partie du bois de la vraye Croix.

SAINT

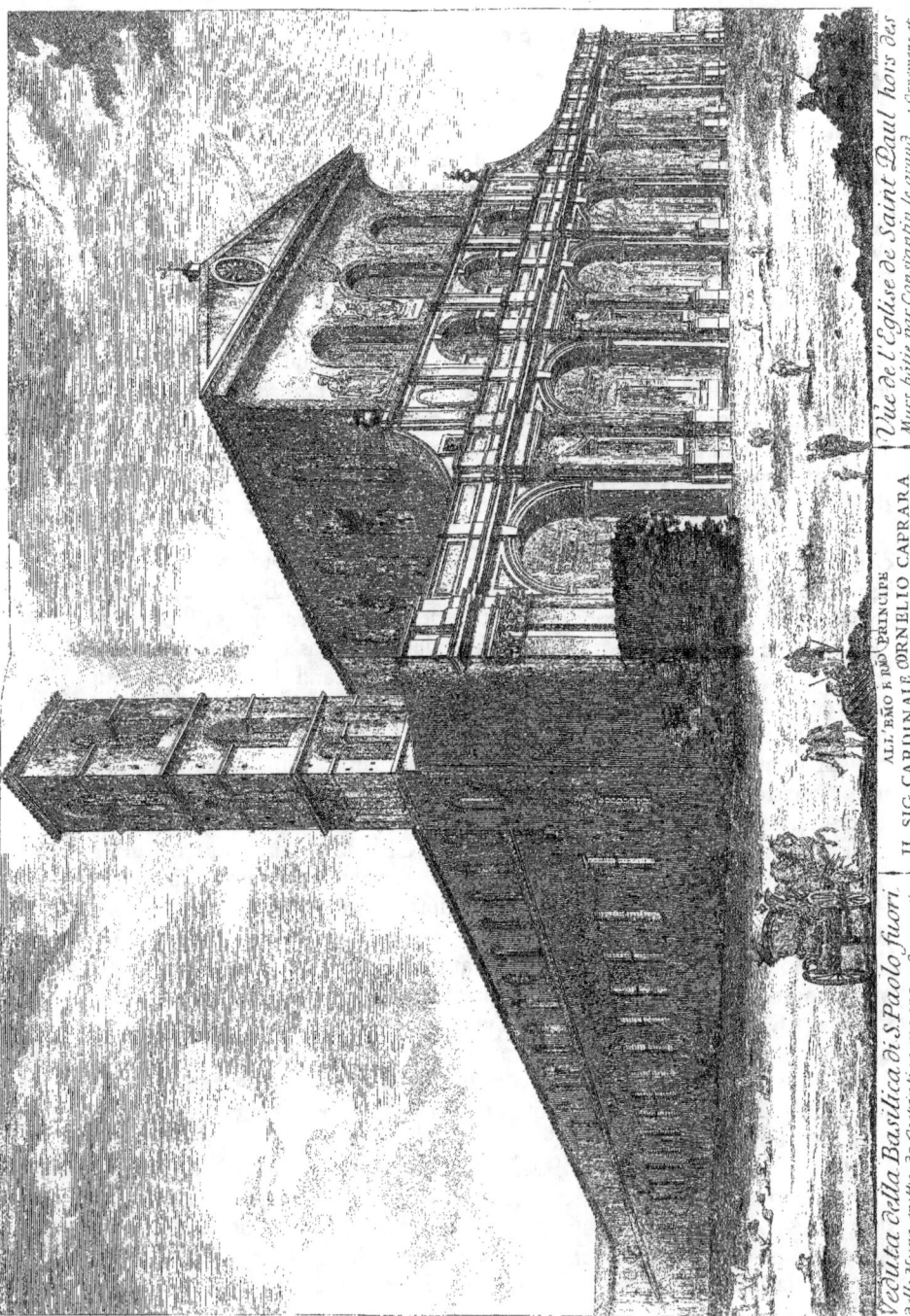

Veduta della Basilica di S. Paolo fuori | ALL'EMO E RMO PRINCIPE
delle Mura, eretta da Costantino magno. 1 Ornamenti e | IL SIG. CARDINALE CORNELIO CAPRARA
Musaici antichi. 2 Portico fatto sotto il Pontificato di Benedetto XIII.

Vue de l'Eglise de Saint Paul hors des
Murs bâtie par Constantin le grand. 1 Ornemens et
Mosaïque anciens. 3 Portique fait sous le Pontificat de Benoît XIII.

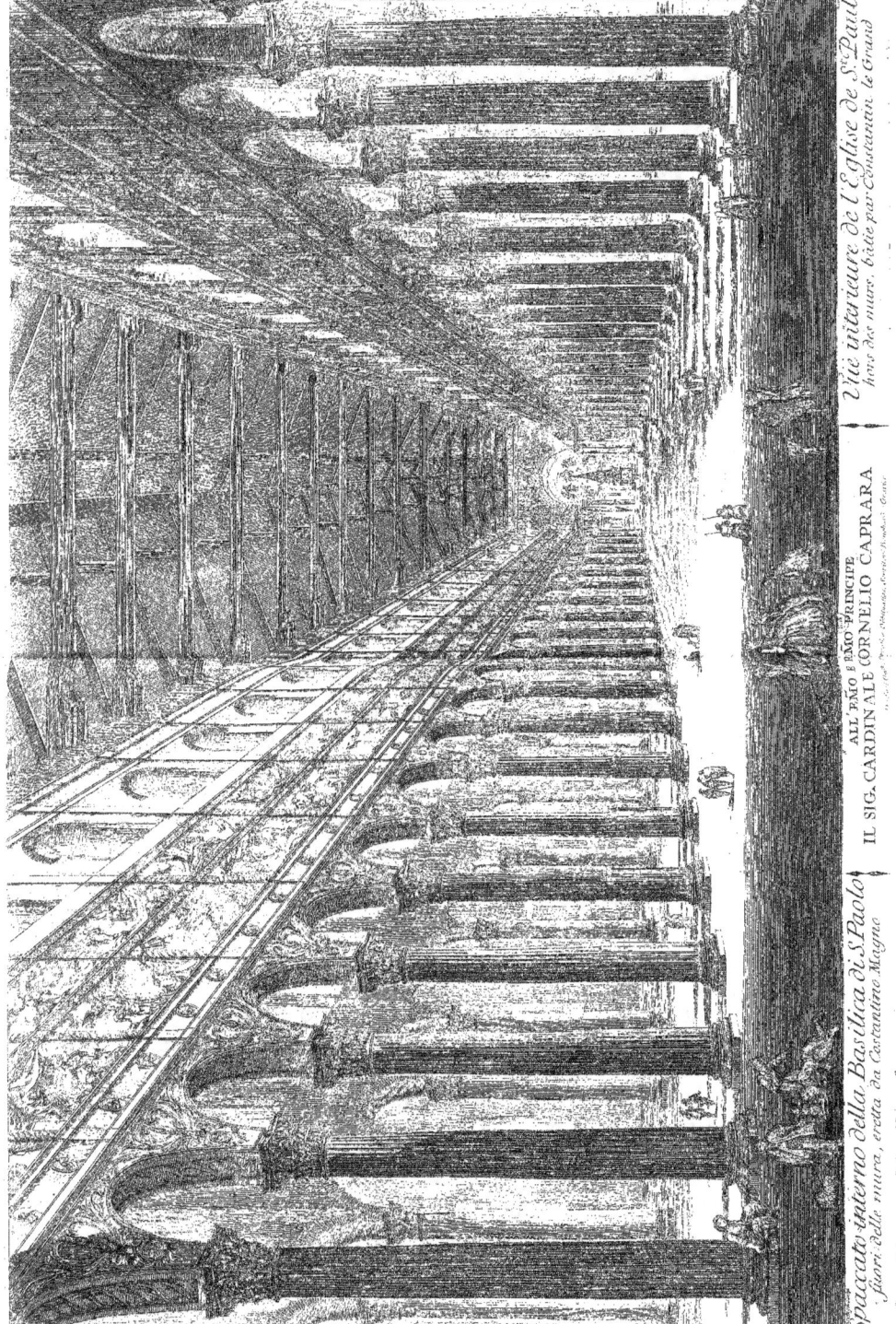

Vuë intérieure de l'Eglise de St Paul
hors des murs, bâtie par Constantin le Grand

ALL'EMO E RMO PRINCIPE
IL SIG. CARDINALE CORNELIO CAPRARA

Spaccato interno della Basilica di S.Paolo
fuori delle mura, eretta da Costantino Magno

SAINT PAUL HORS DES MURS.

ETTE Bafilique fût toujours l'objet de la vénération des fidéles, & celui du refpect des barbares mêmes, qui dans le tems qu'ils facageoient Rome , & la rempliffoient de carnage & d'horreur, leur permettoient cependant de s'y retirer en fureté. Ses fondemens font cymentés du fang des Martyrs , & elle eft bâtie fur le cymetiére dans le quel on les enterroit, où l'on défcent par un efcalier contigu au maître autel : Lucine Dame Romaine, à, qui appartenoit ce terrain, le céda pour la conftruction de l'Eglife : elle fût fondée par Conftantin le grand, confacrée par le Pape Silveftre, aggrandie en 324. par Théodofe , & enfin achevée par Honorius. C'eft un des plus vaftes & des plus célèbres édifices de Rome, embelli & réparé fucceffivement par divers fouverains Pontifes. Sa principale entrée qui regarde le Tibre , eft précédée d'une cour, & formée d'un portique, foutenu de plufieurs grandes arcades, dont chacune eft flanquée de deux colonnes. Le refte de la façade, qui eft moins faillant, confifte en deux ordres de fenêtres, dont les intervalles font ornés de peintures en mofaïque , fort anciennes . Il y a cinq portes, du nombre des quelles & celle que l'on n'ouvre qu'à l'occafion du Jubilé, dans l'année fainte. Celle du milieu eft de bronze en bas-reliefs . Son pavé peut amufer les fçavans, n'étant fait que de differens morceaux de pierre tirés des cimetiéres , & couverts de vielles infcriptions, la plus-part par conféquent fort imparfaites, ce qui donne aux lettrés matiére à conjectures. Le vaiffeau eft divisé en cinq nefs , fans voûte , ni plafonts , mais dont les toits font feulement foutenus par des poutres de fapin d'une prodigieufe grandeur. Celle du milieu eft portée par quarante groffes colonnes d'un marbre fort eftimé, canelées, d'odre Corynthien, & très bien confervées, ainfi que leurs chapiteaux. On voit fur les murs de cette nef, l'hiftoire des Papes à commencer depuis S. Pierre : S. Leon le grand en fit peindre les portraits, avec des notes au deffous , indiquant exactement les années, & les mois qu'ont duré leur regne . Benoit XIV. à réparé ceux qui étoient endomagés, & a continué l'ouvrage jufqu'à lui; ce qui fert admirablement pour la cronologie ecclefiaftique. Les autres quatre nefs font portées fur 40. Colonnes unies de marbre de Paros: deux autres faites en arcs , & dont les arcades font foutenues par dix groffes colonnes de granit partagent ce vafte édifice ; celles ci font ornées de beaux plafonts de bois travaillé, & ont chacune fon autel placé dans le fond, & orné de colonnes de porphire. Le maître autel eft dans le milieu, précedé d'une arcade fort élevée & très large , foutenue par deux colonnes d'une groffeur extraordinaire, de marbre à grains de fel. La voûte eft couverte d' une mofaïque düe à Placidie mére de Valentin, dont on y voit encor le nom. On monte par deux

efca-

efcaliers de marbre à cet autel, qui n'eft autre chofe qu'un dais gothique de forme piramidale, de marbre ancien, foutenu par quatre colonnes de porphire, & entouré d'une baluftrade de même. Là répofe une grande partie des corps de S. Pierre & de S. Paul, avec quantité d'autres reliques, qui y furent depofées par le Pape Silveftre.

L'autel du fond eft pareillement de marbre, avec quatre colonnes de porphire d'ordre corinthien. On voit à l'entour quelques tableaux, repréfentant entr'autres plufieurs traits de la vie de S. Paul. La voûte eft ornée d'une afsés belle mofaïque, & tout le pavé eft de marbre très fin.

On trouve à main droite de cet autel une chapelle, où l'on adore un miraculeux Crucifix de bois, fait par Pierre Cavallini dans la XIII. fiécle. La tradition nous apprend qu'il parla à Sainte Brigitte, dont on voit encor la ftatue de la main d'Etienne Maderne, pofée dans une niche de la même chapelle, dans l'attitude d'une perfonne qui prie.

De l'autre côté eft la chapelle du S. Sacrement, exécutée par le même Maderne. Le bas des murs eft incrufté de marbre; le refte jus qu'à la voûte, & la voûte même font peints à frefque. Le Tabernacle eft très riche. Les Péres Benedictins qui la deffervent, confervent dans leur réfectoire neuf grands tableaux de Lanfranc, deftinés à l'ornement de cette Chapelle, mais qui n'ayant pû réfifter à l'humidité, ont été remplacés par les peintures à frefque dont nous venons de parler.

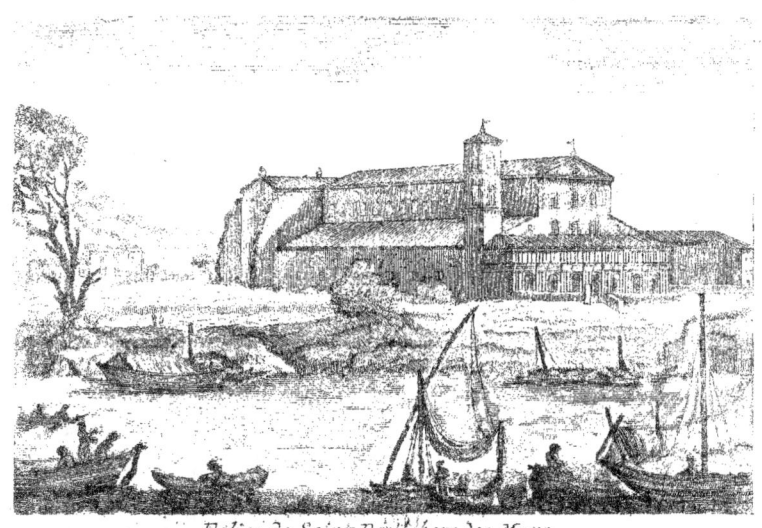

Eglife de Saint-Paul hors des Murs

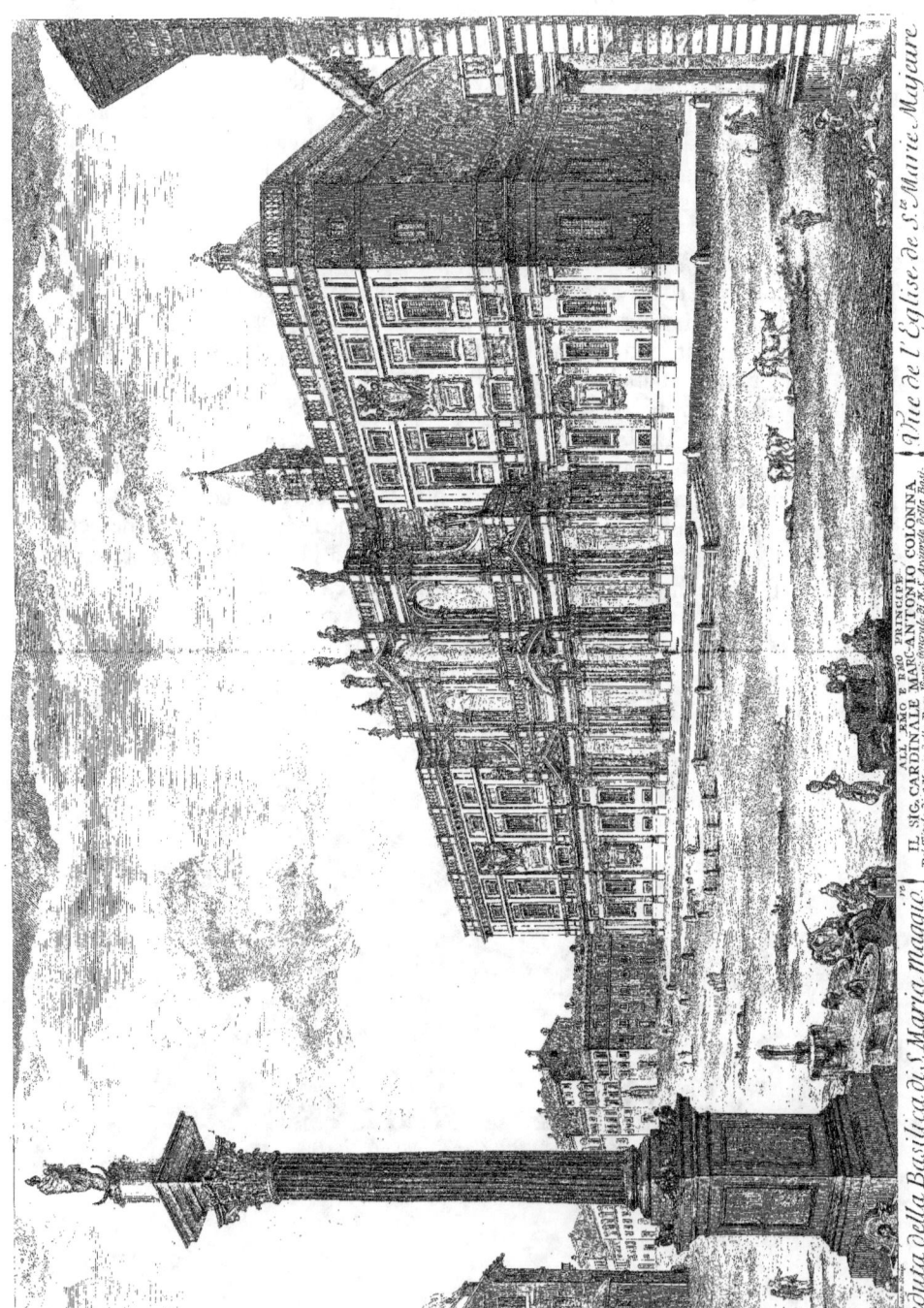

Veduta della Basilica di S. Maria Maggio. | IL SIG. CARDL AMB. E P.MO PRINCIPE | *Vûe de l'Eglise de S.te Marie Majeure.*
: Colonna Del Tempio Della Pace quive eretta Da Paolo V. | MARC-ANTONIO COLONNA, | : à Colonne Du Temple De la Paix que, fit élever le Pape Paul V.
 | *del Titolo Di S. Maria Della Pace Vescovile R.F.S Avoprela Della Basil* |
 | *licca Di S. Maria Maghiore Racc... ...he ... de... Grati...issimo.* |

SAINTE MARIE MAJEURE.

Ntre la quantité d'Eglifes que la piété des fidéles a confa-
crées à la mémoire de la Mére de Dieu, celle cy tient le
premier rang, tant parceque c'eft une de ces Bafiliques qui
ont le titre de Patriarchales, que parceque c'eft la Vierge,
qui s'eft elle même fpécialement choifi ce lieu, pour y être
honorée des fidéles. Nous rapporterons en peu de mots l'hiftoire de fa
conftruction, & de fa dédicace.

Vers le milieu du treifiéme fiécle, & fous le pontificat de Libére,
un Chevalier Romain également riche & noble, voyoit fa famille prête à s'éteindre par la ftérilité de fa femme. Ces deux pieux époux, qui
avoient toujours eû une tendre dévotion à Marie, ne ceffoient au con-
traire de la prier avec ardeur, à fin qu'elle daigna les éclairer fur l'ufage qu'ils devoient faire de leurs richeffes, & de leur faire connoître ce-
qui lui feroit le plus agréable. Touchée d'une priere auffi fervente que
défintereffée, cette mére de mifericorde leur apparoit en fonge, leur or-
donne de fe tranfporter fur le mont Efquilin, & de bâtir un temple en
fon honneur, dans cette partie du mont qu'ils trouveroient couverte de
neige. Jean Patrice, c'eft le nom du Chevalier, obeit, & trouvat en effet
ce qui luy avoit été annoncé. La chaleur exceffive du mois d'août rendit
le miràcle plus frapant, le clergé & tout le peuple Romain en furent les
témoins, & les deux époux en faveur des quels il avoit été operé, répon-
dirent à cette grace par un zélé égal à leur réconnoiffance, en employant
la meilleure partie de leur bien pour élever un temple à la Reine du Ciel,
qui ne dedaignoit pas de devenir leur héritiere fur la terre. Le Pape Libére qui avoit été averti par une vifion femblable, fe tranfporta fur l'Efquilin à la tête de fon clergé, & fut le premier à creufer de fes mains
les fondemens de cette Eglife, qui fut d'abord appellée la Bafilique de
Libére, & Sainte Marie des neiges. Ce ne fut que long tems après,
qu'un autre Pape lui donna le nom de Sainte Marie Majeure, pour défi-
gner, ainfi que nous l'avons déja obfervé au commencement de cet ar-
ticle, le rang qu'elle tient parmi toutes les autres qui lui font dédiées.

Avant d'entrer dans cette Eglife arrêtons nous un moment dans la
place de la principale façade, au milieu de la quelle on voit une très
belle Colonne d'un feul morceau, & cannelée: elle avoit autrefois fervi
d'ornement au merveilleux temple de la paix, bâti dans le *forum Roma-
num*, des ruines du quel elle fut retirée, & Paul V. après l'avoir fait
réparer, l'y fit élever fur une nouvelle bafe, l'orna d'un nouveau chapiteau, & après l'avoir confacré à la Vierge, l'embellit d'une fuperbe ftatue de bronze doré, dont elle eft furmontée, & qui repréfente la mére
du Sauveur portant entre fes bras fon divin Enfant. Au pied de la Colonne
fe voit une fontaine, remarquable par la quantité de fes eaux. D'ailleurs la
place n'a rien qui arrête les curieux.   G   L'Edi-

L'Edifice a 50. pas de longueur fur 20. de large. BENOIT XIV., fous la direction du Chevalier Ferdinand Fuga, a fait faire la façade telle qu' elle fe voit aujourd'huy ; elle eft compofée de deux Portiques l'un fur l'au- tre ornés de colonnes & de Pilaftres de Travertin, cinq grandes ftatues de pierre, parmi les quelles celle de la Vierge, posée dans le milieu fe diftingue par fa hauteur, la couronnent. Les deux habitations qui font à fes côtés ; & qui fervent de logement au Cardinal Archiprêtre, & aux chanoines de l'églife achevent de l'embélir. Le Portique inférieur eft enrichi de différens marbres fins, bien difpofés & on y voit a main droi- te la ftatue en bronze de Philippe IV. Roy d'Efpagne, l'un des bien- faiteurs de cette églife. On monte par un trés bel efcalier à la loge, d' où le Pape donne la bénédiction au peuple ; le mur en eft revêtu d'une mofaïque ancienne, que l'on eftime une piéce curieufe.

La grande nef eft portée fur 40. colonnnes de marbre antique ; au deffus des quelles, on voit quelques morceaux de l'hiftoire de l'ancien & du nouveau teftament, & plufieurs traits de la vie de Nôtre Dame en mofaïque : Ce fût Sixte III. qui enrichit l'églife de cet ornement. Les bas- reliefs & la dorure du plafont font admirables, ainfi que le pavé tout de marbre, varié de mille couleurs, & diftribué avec art.

Une belle urne ancienne de porphyre, dont les angles font foutenus par quatre enfans de bronze doré, forme le maître autel, qui eft couvert d'un magnifique baldaquin, embelli de beaucoup d'ornemens de même métal, ainfi que les chapiteaux, les bafes & les branches de palmier, qui entrelaffent les quatre colonnes antiques de porphyre fur les quelles il eft posé.

Comme nous ne nous fommes proposés dans cet ouvrage, que de donner fimplement une idée generale de ce qu'il y a de plus remarqua- ble dans les divers monumens, dont nous préfentons les eftampes au public, nous pafferons fous filence quantité de beautés particulieres ; qui ont chacune leur prix, & leur mérite ; ainfi nous nous contenterons de dire quelque chofe en paffant de la Chapelle du Crucifix, & des deux au- tres que l'on nomme Sixtine & Pauline du nom de leur fondateur.

La voûte de la première eft entierement garnie de ftucs dorés, les murs font incruftés de marbres fins, qui l'emportent à peine fur la beau- té de celui du pavé : elle eft dailleurs enrichie de quantité de colonnes de porphyre entre les quelles on en diftingue deux qui ornent l'autel, où eft l'image du Crucifix. On conferve dans cette chapelle le berceau du Sauveur.

La Sixtine eft du deffein du Chevalier Dominique Fontana ; elle eft ornée comme l'autre de marbres, de ftucs dorés, de peintures, de fta- tues & de bas-reliefs, mais elle a de plus qu'elle un dôme, que l'on peut voir dans la planche à côté. Le maître autel qui eft dans le mi- lieu & fous le dôme, a un tabernacle de bronze doré, foutenu par qua- tre Anges, portant à la main des cornes d'abondance. Cet autel eft éle- vé vé fur un fouterrain, dans le quel on defcend par quelques degrés , & où l'on en trouve un autre confacré à la naiffance du Sauveur. Dans ce lieu fe confervent précieufement la Créche, & le foin fur le quel ce divin Enfant fût couché en venant au monde, ainfi que les langes dont il fût enveloppé. Deux fuperbes maufolées contribuent beaucoup à embellir cette chapelle: l'un eft de Pie V. l'autre eft de Sixte V. Outre leur ftatue, il y en a quelques autres qui les accompagnent, & quantité de bas-reliefs, qui expriment les plus belles actions de leur vie, & de leur pontificat ; entre les quels il y en a quelques uns de bonne main.

La Chapelle Pauline fût bâtie par Paul V. l'or, le bronze, les marbres les plus fins y font prodigués par tout. On admire fur l'autel principal quatre colonnes de Jafpe oriental , pofées fur des pieds-deftaux de Jafpe & d'agathe , avec leurs bafes & leurs chapiteaux de bronze doré : quantité d'Anges , d'enfans, & autres ornemens en bronze doré fervent à l'embellir. Une image de la Vierge peinte par S. Luc, fur la tête de la quelle on a ajufté une couronne d'or , enrichie de pierreries d'un grand prix, y eft enchafsée dans une niche de pierre d'azur également parfemée de pierreries. Son dôme, qui eft uniforme à celui de la Chapelle Sixtine, eft orné d'excellentes peintures; & elle a comme l'autre & dans le même ordre deux tombeaux de Pontifes, celui de Clement VIII. & de Paul V. avec leurs ftatues , & des bas-reliefs indiquant, ce-qu'ils ont fait de plus remarquable pendant leur régne. Cette chapelle a encore une Sacriftie particuliere , extremement riche en ornemens, buftes , vafes, chandeliers, reliquaires, & enfin en pierreries ; ce qui joint aux peintures que l'on y voit de toutes parts, en font un morceau d'une rare magnificence.

Les bas côtés de l'Eglife font ornés de ftucs dorés , & de plufieurs autels, difposés de diftance en diftance.

Le derriére a une belle façade, que fit faire Clement X. fur le deffein du Chevalier Rinaldi. Elle eft de pierres de taille, embellíe de niches avec leurs Statues, de pilaftres avec leurs chapiteaux, & de plufieurs fenêtres difposées avec beaucoup de fimétrie ; le tout furmonté d'une belle baluftrade: au deffus s'éleve un fecond ordre d'architecture, couronné pareillement d'une autre baluftrade, qui régne dans toute la longueur de l'édifice. Les dômes des deux chapelles, que nous avons décrites, avec la tour de forme piramidale, qui s'éleve dans l'entre deux, lui donnent un air de grandeur, & de majefté au quel contribue encor un efcalier magnifique par le quel on y monte.

Cette partie de figure ronde, qui s'avance dans le milieu, eft le derriére du choeur des chanoines: elle eft couronnée de ftatues, & ornée de tous les embelliffemens dont elle étoit fufceptible. La place, qui de ce côté là conduit à l'églife eft d'une pente afsés rapide. Sixte V., toujours par le moïen de fon ingenieur favori Dominique Fontana, y fit élever dans le milieu, un obelifque, tranfporté à Rome fous l'Empereur Clau-

H   de,

de, & qui avec fon femblable, avoit fervi d'ornement au maufolée d'Augufte. Mais le tems, moîns encor que la fureur dès Barbares, l'ayant mûtilé en plufieurs endroits, il avoit été abandonné pendant plufieurs fiècles ainfi couché par terre, jufqu'au tems que Sixte le fit rajufter, & élever, comme on vient de le dire. Sa hauteur eft de 66. palmes, & fa largeur dans le bas de 6. la pointe qui lui manque, eft remplacée par l'ornement de métal, qui foutient la Croix à la quelle il fut confacré.

S. CROIX EN JERUSALEM.

Onftantin le grand fit bâtir cette Eglife à la folicitation de Sainte Héléne fa mére, qui après avoir apporté à Rome le bois de la vraye Croix, defiroit avec paffion d'y voir élever un temple à fon honneur. Le Pape Silveftre voulant répondre à l'intention de cette pieufe Princeffe, le confacra en effet à la Croix. Il eft placé fur le mont Efquilin dans le lieu même, où étoit autrefois le palais Sefforien, peu connu aujourd'huy. Sa longueur eft de 30. pas géométriques fur quinze de large. Plufieurs fouverains Pontifes ont pris foin de le réparer: mais comme il tomboit totalement en ruine, Lucius Second le rebâtit tout de nouveau, & après luy Benoit XIV. le répara entierement, & outre divers embelliffemens qu'il y ajoûta, l'orna encor d'une façade de pierre de taille bien entendue, compofée de pilaftres avec leurs architraves, qui foutiennent une belle baluftrade, furmontée de la Croix, de la ftatue de Sainte Héléne, & de celles des Evangeliftes. Sur le devant de la Bafilique eft un portique fait en colonnade de pierre avec quatre colonnes de granit, chacune de deux piéces. L'édifice intérieur eft divifé en trois nefs; celle du milieu eft foutenue par de groffes colonnes de granit, dont quelques unes font unies avec les pilaftres, qu'on a fait nouvellement pour foutenir le plafond, & d'autres fe trouvent murées dans les Pilaftres mêmes.

Le plafond refait tout à neuf, & mis dans une meilleure forme, eft fuperbement doré, & enrichi de deux peintures de la main de Corado Giaquinto encore vivant. Le maître autel a été couvert depuis peu d'un dais de marbre, pofé fur quatre colonnes anciennes, pareillement d'un marbre trés fin, avec plufieurs autres ornemens en bronze doré: fa table eft portée fur une coquille de Bafalte, qui eft un morceau rare, & curieux, dans la quelle fe confervent les corps des Saints Martirs Cefarée & Anaftafe. Quelques peintures, que l'on croit de Pierre Perugino, remarquables fur tout, par la fraicheur, & la vivacité du coloris, parent le fond de l'églife. Près de la eft un efcalier par lequel on defcend dans

la

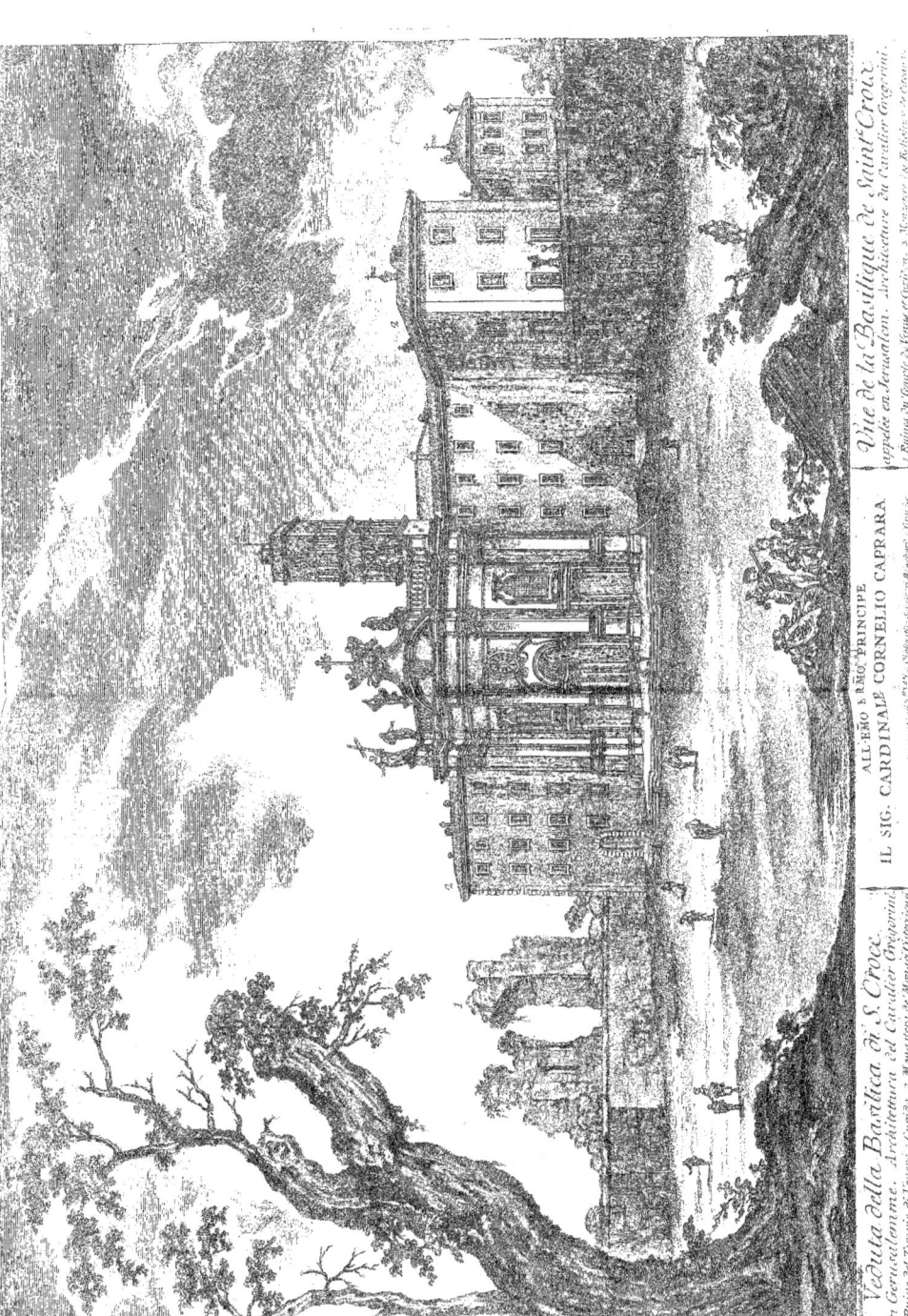

Veduta della Basilica di S. Croce
in Gerusalemme. *Architettura del Cavalier Gregorini.*
1. *Rovine del Tempio di Venere e Cupidi. 2. Monasterio de Monaci Cisterciensi.*

ALL'EM͠O E RM͠O PRINCIPE
IL SIG. CARDINALE CORNELIO CAPRARA

Vüe de la Basilique de Saint-Croix.
appelée en Jerusalem. *Architecture du Cavalier Gregorini.*
1. *Ruines du Temple de Venus et Cupidon. 3. Monastere des Religieux de Cisteau.*

la Chapelle de Sainte Héléne, entierement peinte en mofaïque. Le pavé couvre, dit on, une quantité de terre du mont Calvaire, qu'elle fit tranfporter à Rome, ce qui a fait donner à cette églife, le nom de Sainte Croix de Jerufalem. On y lit fur une bafe l'infcription faite à l'honneur de cette Princeffe, & fa ftatue eft placée fur l'autel du milieu, à côté du quel on a pratïqué une feconde chapelle, également ornée de peintures, avec un autre autel decoré d'un bas-relief en marbre blanc, reprèfentant la piété, qui eft une allufion à celle de la Sainte.

Les Reliques les plus confiderables de cette Bafilique confiftent, en trois morceaux de la vraye Croix, l'infcription qui fut placée au deffus de la tête du Seigneur, un des clouds dont il fut percé, deux èpines de fa couronne, une partie de l'éponge qu'on lui préfenta dans fa foif, & le doigt que l'Apôtre S. Thomas mit dans le côté du Redempteur.

Les Religieux de l'ordre de Citeaux par qui cette églife eft deffervie, confervent dans leur monaftére trois beaux tableaux, dont deux font de Rubens, l'un reptéfentant le couronnement d'épines, & l'autre le crucifiement de J. Chrift: le troifiéme qui eft de Charles Marate, repréfente le Schifme de Pierre de Lune.

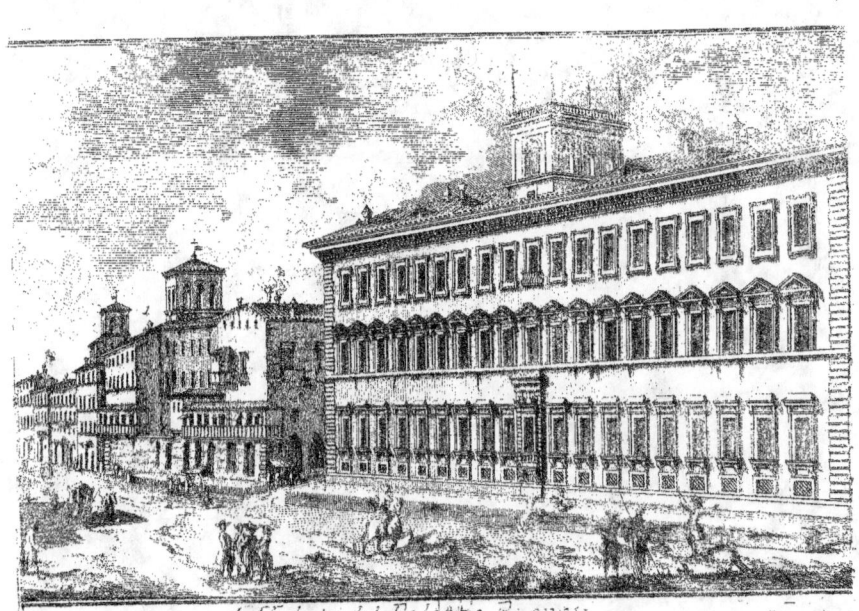

Veduta del Palazzo Ruspoli

I

S. SEBASTIEN HORS DES MURS ⸱

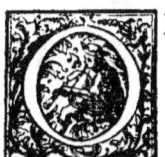N ne ſçait pas poſitivement qui a bâti cette Egliſe, quoique ſelon le ſentiment le plus commun, la fondation en ſoit attribuée à Conſtantin le Grand. Elle eſt à deux milles de Rome, ſur la voye Appienne, & dans l'endroit appellé le Cimetiére de Calliſte, qu'on appelle communement les Catacombes, lieux chers aux prémiers Chrétiens, à qui ils ſervoient en même tems, de temple, d'habitation, & d'aſile aſſuré contre la perſécution des Tyrans, & qui ſont enſuite devenus un Monument de vénération pour les fideles, qui ſçavent que c'eſt une terre imbibée du ſang des Martyrs. Cette égliſe où repoſe le Corps de S. Sebaſtien, avec quantité d'autres reliques, luy fut dédiée par Innocent prémier, & on la conſidére comme un des plus reſpectables Sanctuaires de Rome. Le Cardinal Scipion Borghéſe, qui en portoit le tître, l'a preſque toute rebâtie à neuf, il y a ajouté le Portique, la Façade, & le Monaſtere des religieux Feuillans, qui la deſſervent aujourd'huy.

L'égliſe eſt precedée d'une cour dans la quelle on entre par une porte ornée de pilaſtres, avec un frontiſpice, dans le milieu du quel on voit peint à freſque S. Sebaſtien. La façade de cette égliſe eſt compoſé de colonnes d'ordre jonique, qui ſoutiennent un portique à trois arcades: le deſſus eſt percé de trois fenétres, avec leurs ornemens en ſtuc, le tout ſurmonté d'un grand frontiſpice, au milieu du quel ſont placées les armes de Paul V. L'intérieur de l'édifice conſiſte en une ſeule nef, dont les côtés ſont ornés de differends ouvrages en ſtuc, avec des pilaſtres, qui ont leurs ornemens. Sans entrer dans un détail circonſtancié, nous dirons ſeulement que les autels & les portes ſe répondent également des deux côtés: que quelques uns de ceux la ſont embellis de frontiſpices, de colonnes de marbre, de beaux tableaux, & renferment des reliques conſiderables, que ſon plafond eſt enrichi de belles dorures, & du martyre de S. Sébaſtien en relief, que le maître autel, placé au fonds de l'égliſe ſous un petit dôme avec ſa lanterne, eſt orné de colonnes de marbre verd antique, & que dans la chapelle du Titulaire, on voit ſa ſtatuë en marbre blanc, couchée, executée par le Giorgeti ſur le deſſein du Bernin.

Dans une autre chapelle élevée par Clement VI. à l'honneur de S. Sebaſtien Pape & Martyr, & qui eſt remarquable, ſur tout, par ſon architecture, du Chevalier Charles Fontana, & par les marbres précieux dont elle eſt ornée, l'on voit à main droite de l'autel une des deux portes, qui donne entrée, & par la quelle on deſcend dans les Catacombes. Ce ſont de vaſtes & prodigieux ſouterrains, que quelques auteurs prétendent même avoir 40 milles de circuit, & où ſe retiroient, comme nous l'avons deja dit, les prémiers chrétiens, dans le tems des perperſecutions.

Et

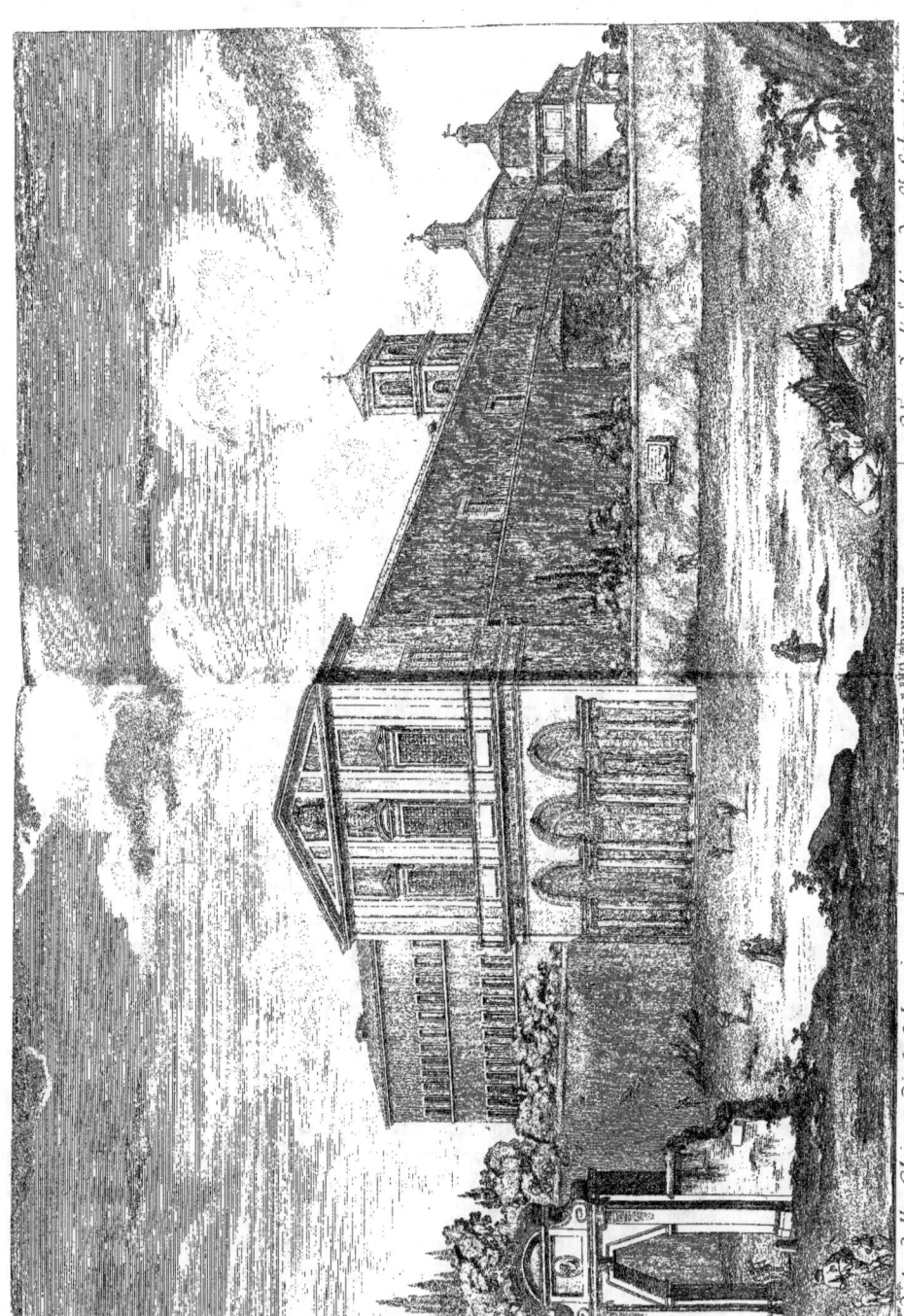

Veduta della Chiesa, di S. Sebastiano fuori delle Mura.

1. Abitazione de Monaci Cisterciensi.

AL EMO E RMO PRINCIPE
IL SIG. CARDINALE PROSPERO COLONNA DI SCIARRA
Diacono di S.Agata e Protettore della Corona di Francia &c. &c.
D. O. C. Giovanni Battista Piranesi Architetto Dedica e Dona

Vue de l'Eglise de St Sebastien
hors des Murs.
1. Monastere des Religieux St Cistaux.

A main gauche du grand autel on voit une autre porte, par la quelle on defcend un efcalier de marbre, qui conduit a un oratoire, où fe retiroient les fidéles pour faire la priére en commun, & à quelques degrés plus bas on trouve la Chapelle fouterraine, appellée la Confeffion, afsés vafte, & de figure ronde. C'étoit le lieu, où l'on célébroit la S. Meffe fur un autel qui exifte encore, & où l'on voit les Buftes de S. Pierre, & de S. Paul en marbre.

Douze arcades foutiennent cet édifice, qui fervoit de fépulture aux Martyrs, dont l'on prenoit grand foin de récueillir en fecret les corps facrés, que l'on plaçoit dans des Monumens de pierre, ou de brique avec une phiole de leur fang, & quelques inftrumens qui avoient fervi à leur martyre. Ils étoient marqués d'une infcription, & d'une croix; ce qui fe pratiquoit également à l'égard des Chrétiens qui mouroient dans ces fouterrains, & que l'on enfeveliffoit dans les differens endroits des Catacombes.

L'autel de la grotte couvre la bouche du puits, dans le fond du quel on cacha les corps des deux Apôtres S. Pierre & S. Paul, deux fiécles après qu'ils eurent fouffert le martyre, lorfque les Grecs convertis, effayerent de ravir aux Chrétiens de Rome, ce précieux tréfor. Ceux cy avertis miraculeufement de leur deffein, les tranfportérent dans ce lieu profond; d'où ils ne furent retirés que plus de deux fiécles après par le Pape S. Silveftre, qui les rendit à leur bafilique.

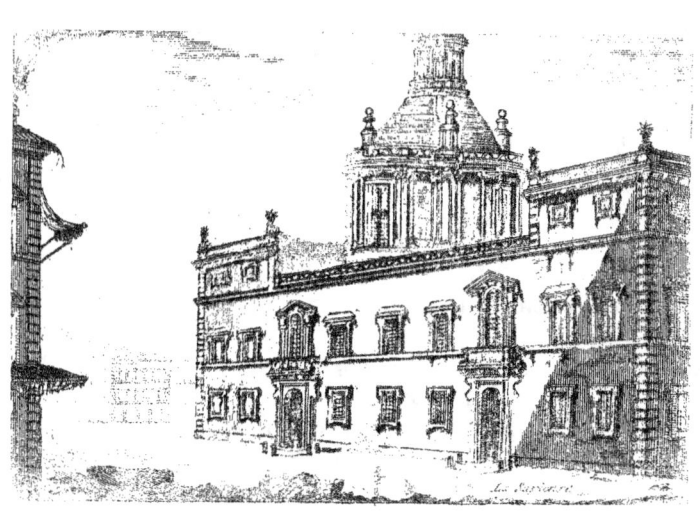

K   L'EGLI-

L'EGLISE DU JESUS.

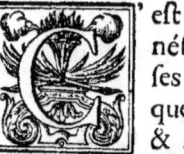

'eſt un édifice dû à la liberalité du Cardinal Alexandre Far-néſe , & qui tient un des prémiers rangs entre les belles égli-ſes de Rome , tant pour l' élégance de ſon architecture , que pour la beauté de ſes peintures , la quantité des marbres , & la richeſſe des tréſors qu'elle renferme . Elle fut bâtie ſur le deſſein du vignole , qui la commença , & fut achevée par jacques de la Porte ſon éléve en 1575 , qui fut auſſi l' architecte de la grande façade. La maiſon profeſſe qui y eſt contigue , fut bâtie par un autre Cardinal de la même maiſon des Farnéles , nommé Edouard . Jerôme Rinaldi en fournit le deſſein .

Le pavé de cette Egliſe eſt très bien ordonné , & de pierres bien choiſies : La voûte , peinte de la main du Baccici , eſt d' un très beau deſſein , & d' une compoſition ingénieuſement imaginée : elle repréſente la chute de Lucifer , & toutes les figures font alluſion à ces paroles de S. Paul , *in nomine Jeſu omne genu flectatur* . Les peintures du dôme font du même , & ſur le prémier ordre , qui eſt tout doré , ſe voyent quatre figures de ſtuc deux des quelles déſignent la juſtice , & la témpérance éxécutées par Paul Naldini .

Le grand Autel du deſſein du même la Porte , qui en a conduit l' ouvrage , eſt orné de quatre belles colonnes de marbre antique : mais on lui trouve le défaut de n' être pas aſſés élevé . Le grand tableau de la Circonciſion de Nôtre Seigneur a été peint par le Mutien ; & le beau mauſolée du Cardinal Bellarmin , élevé par le Cardinal Edouard Far-néſe , qu'on voit du côté de l' Evangile , a été éxécuté par Jerôme Ri-naldi , quoique les ſtatues de la Religion , & de la ſageſſe , qui l' accom-pagnent ſoient de Pierre Bernini .

Mais ce qui frappe le plus dans cette Egliſe , c' eſt la chapelle de S. Ignace , qui eſt admirable , non ſeulement par l' éxcellence que le Pere Pozzi Jeſuite a ſçu mettre dans ſon architecture , mais encore pour le prix des marbres anciens , & autres pierres rares qui y ſont répandues en pro-fuſion , & pour la quantité d' or , & d' argent , qui y brillent dé toutes parts .

L' autel eſt decoré de quatre colonnes incruſtées de pierre d' azur , entremelées de bronze doré , avec leurs baſes , & chapiteaux de mê-me metal ; & les piedeſtaux également de bronze ornés de bas-reliefs repréſentant , les miracles du ſaint . L' architrave , la corniche , & tout le frontiſpice au deſſus des Colonnes ſont de marbre ancien ; du milieu du quel ſaillit dans un grouppe de marbre blanc la Sainte Trinité por-tée ſur un Thrône de nuages , d'où ſortent des rayons de gloire de bron-ze doré . Le globe qui deſigne le monde eſt de pierre d' azur .

La niche

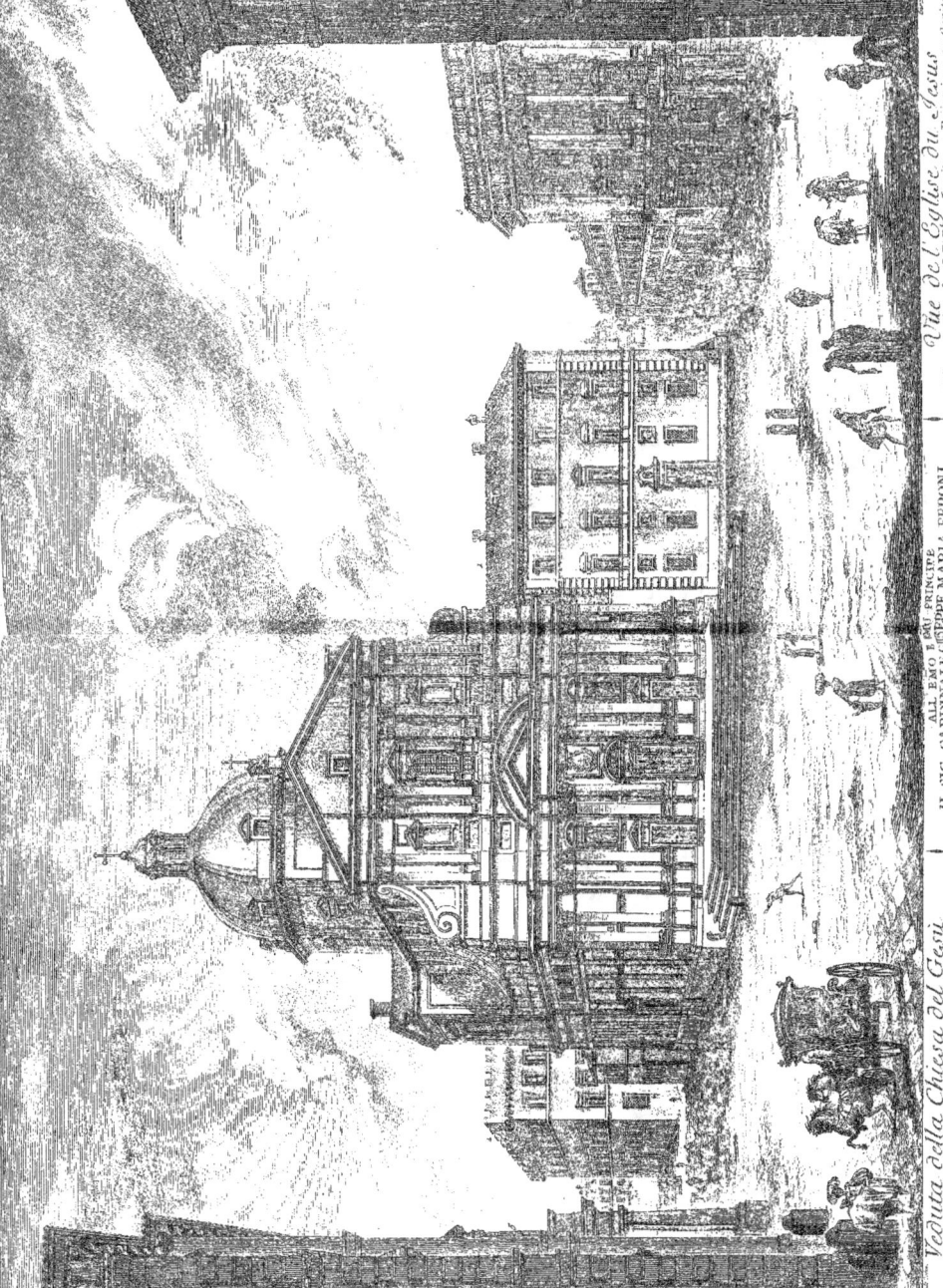

Veduta della Chiesa del Gesù

ALL' E.MO E R.MO PRINCIPE
IL SIG. CARDINALE GIUSEPPE MARIA FERONI

Vue de l'Eglise du Jesus

La niche qui renferme la ftatüe du Saint eft auffi couverte de la même pierre, & d'albatre antique avec des bandes de bronze doré, & pour ornement deux Anges d'argent. La Statüe, qui eft de la même matiere a treize palmes de hauteur, & la chafuble du Saint, qui y eft repréfenté fous les habits Sacerdotaux, eft enrichie de pierreries : elle eft pofée fur un piedeftal couvert de marbre, avec des ornemens de bronze d'un goût également noble & gracieux. Monfieur le Gros a tra-vaillé le modéle fur le quel elle fut jettée. Audeffus fe voyent deux Anges de marbre blanc, qui foutiennent, & adorent le faint nom de Jefus, formé de criftal de roche. Le devant d'autel eft de bronze; mais on en fubtitue un d'argent dans les folemnités. Le Corps de S. Ignace repofe au deffous dans une urne de bronze doré, avec des ornemens arabefques & des bas-reliefs. Les degrés font de porphire, & la baluftrade de mar-bre antique, fur la quelle font des Anges de bronze, qui foutiennent des lampes d'argent. On voit aux deux côtés de l'autel deux groupes de marbre blanc, dont l'un repréfente la foy, abbatant l'idolatrie fous fes pieds, ouvrage de Jean Teudon : l'autre la religion terraffant l'he-réfie, fculpté par Monfieur le Gros. Le mur qui eft derriére le grou-pe, eft revêtu de marbres précieux, avec deux grands quadres d'alba-tre oriental, bordés d'agathe, & ornés d'albatre fleuri. Du milieu de ces Quadres faillent deux grands bas-reliefs de marbre. Les murs des côtés font également revêtus de marbre antique. Les deux Anges qui font fous l'orgue meritent auffi d'être confiderés. La voûte de cette chapelle eft travailleé en ftucs dorés, & le triomphe du Saint, porté dans le Ciel par les Anges, qui y eft peint de la main du Baccici eft regardé comme un éxcellent morceau. Enfin tout y eft admirable, tout y eft frappant, jufqu'au pavé formé de pierres rares & curieufes.

Celle de S. François Xavier, qui eft vis-à-vis, pour être moins ri-che que la chapelle de S. Ignace, ne laiffe cependant pas d'avoir des beautés. Le tableau qui repréfente le Saint à l'agonie de Charles Marat-te, le reliquaire dumilieu de l'autel, qui referme un de fes bras, foutenu par un Ange de bronze doré ; les marbres dont elle eft ornée, & le refte de fes peintures meritent affurément, que les curieux y jettent un coup d'oeil. Le Cardinal Negroni a fait les frais de cette chappelle, & pier-de Cortone en a donné le deffein.

L'EGLISE DE S. IGNACE.

E Pape Grégoire XV., infcrivit au Catalogue des Saints le fondateur de la Compagnie de Jefus, & fon neveu le Cardinal Ludovifi lui Confacra peu de tems après cette fuperbe Eglife, élevée à fes dépens & bâtie dans un endroit, où étoit une petite Chapelle de la Vierge, fous le titre de l'Annonciation, ce qui fait fans doute, qu'une des plus belles de cette églife lui eft dédiée fous le même nom. L'architecture qui en eft magnifique, n'eft pas toute du même auteur : le Pére Graffi Jéfuite, le Dominiquain, & l'Algardi, y ont travaillé ; mais le dernier a feul fait la façade, compofée de belles pierres de taille, avec deux rangs de colonnes, & de pilaftres, d'ordre corinthien, & compofite, qui foutiennent le frontifpice, au milieu du quel font placées les armes du Cardinal fondateur. Le tout eft orné d'une belle baluftrade, qui fait le tour du toit, & fert de couronnement à l'édifice.

L'interieur eft à trois nefs. La voûte ainfi que le fond de l'églife eft peint en perfpective de la main du Pere Pozzi, qui de plus a fait les deffeins des deux Chapelles latérales, qui vont de pair avec les meilleurs morceaux de Rome ; elles font toutes les deux en marbre les plus fins, & les plus précieux, ornées de ftatües, bas-reliefs, & bronze ; le tout parfaitement bien exécuté. Celle de S. Loüis de Gonzague eft à droite : fon corps repofe fous l'autel ; & le bas-relief qui le repréfente eft de monfieur le Gros, qui a fait auffi les deux ftatües de ftuc, placées fur les aîles du frontifpice. Les deux Anges qui font debout fur la baluftrade font de Bernardin Ludovifi ; & la peinture de la voûte du P. Pozzi. La Chapelle de l'Annonciation, faite fur le même deffein, eft auffi du même auteur. Le bas-relief de l'autel eft de l'invention de Philippe de la Val ; les anges de la baluftrade de Pierre Bracci, ainfi que les ftatües en ftuc, affifes fur les ailes du frontifpice.

Les Chapelles du Crucifix & de S. Jofeph, méritent encore d'être vües pour la beauté de leurs marbres. Le tableau de celle-cy, où le faint eft peint dans fon agonie, eft du chevalier François Trevifani. Elle eft ornée d'un dôme, ainfi que quelques autres. Cette églife renferme encore le magnifique tombeau de Grégoire XV., dont le deffein & la fculpture font de monfieur le Gros.

LE

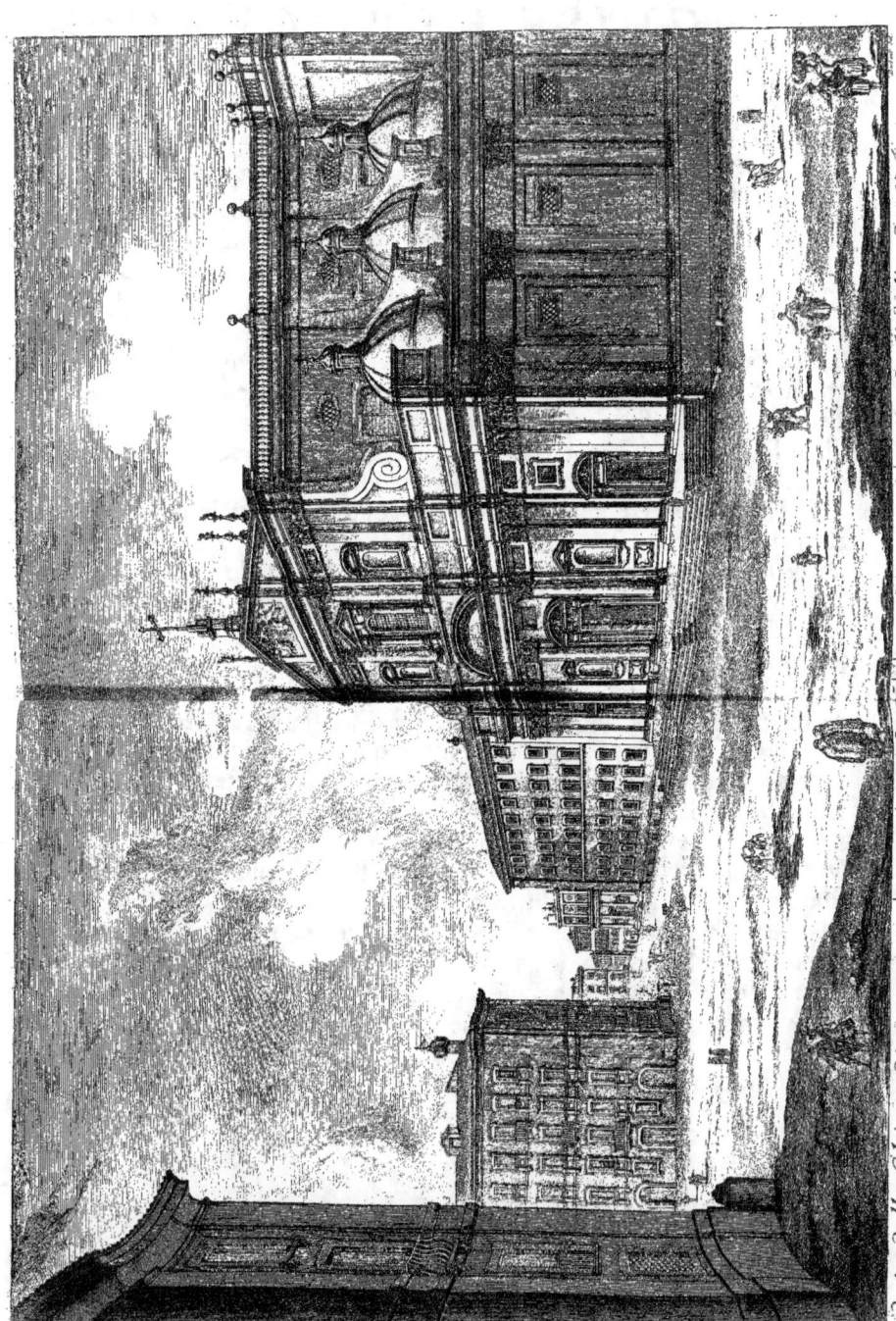

Veduta della Chiesa di S. Ignazio | *Vûe de l'Eglise de St Ignace*

ALL EMO E RMO PRINCIPE IL SIG. CARDINALE LUIGI MARIA TORRIGIANI

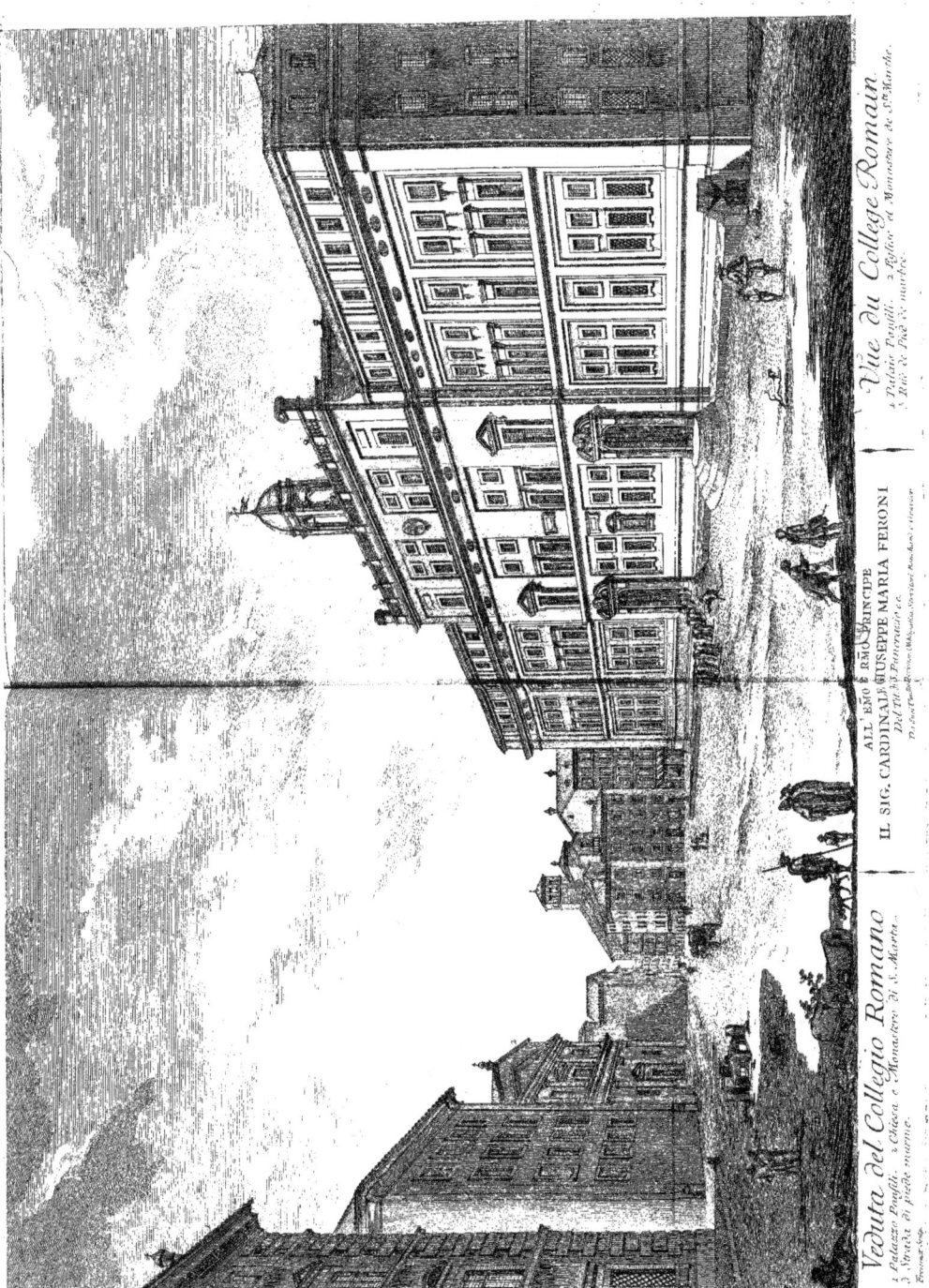

Veduta del Collegio Romano

1 Palazzo Pamfili. 2 Chiesa, e Monastero di S. Marta.
3 Strada di pietre marmo.

ALL' EMO E RMO PRINCIPE
IL SIG. CARDINALE GIUSEPPE MARIA FERONI

Del Pri. A.I. Pontrecali &c.

Vue du College Romain

1 Palais Pamfili. 2 Eglise et Monastere de St Marthe.
3 Rue de Pavé de marbre.

LE COLLEGE ROMAIN.

E vaſte, & magnifique Collége eſt attenant l'égliſe de Saint Ignace. Grégoire XIII. le fit bâtir ſur le deſſein de Barthelémi Ammanato Florentin, & le dota de très grands revenus. Les portes en ſont fort belles, & toutes en pierre de taille. On entre d'abord dans une vaſte cour ornée de deux portiques, l'un ſur l'autre, ſoutenus de pilaſtres, autour des quels les écoles ſont diſpoſées. C'eſt là où les Péres Jeſuites enſeignent les humanités, la philoſophie, & la théologie. Le logement, & la diſtribution de la maiſon ſont commodes, & bien entendus. Du portique ſupérieur l'on paſſe dans une grande Sale ornée de peintures, dont quelques unes ſont aſſés bonnes. La bibliothéque eſt nombreuſe & bien choiſie. L'apoticairerie eſt parfaitement bien fournie de toutes les choſes neceſſaires ; on y fait une thériaque, auſſi eſtimée que celle de veniſe: mais ce qui ſatisfait plus le curieux, & l'étranger, c'eſt une magnifique gallerie, où l'on a raſſemblé une quantité prodigieuſe de raretés antiques, telles que bas-reliefs, ſtatües de marbre, & de bronze, inſtrumens de Sacrifice, inſcriptions, moſaïques hiſtoriés, peintures anciennes, & autres, qui jointes à un nombre infini de curioſités de la Chine, en font une gallerie unique dans ſon genre. Elle fut formée par le Pére Kircher, & augmentée depuis du beau Cabinet, que le Marquis Alexandre Capponi laiſſa par ſon teſtament à ces reverends Péres.

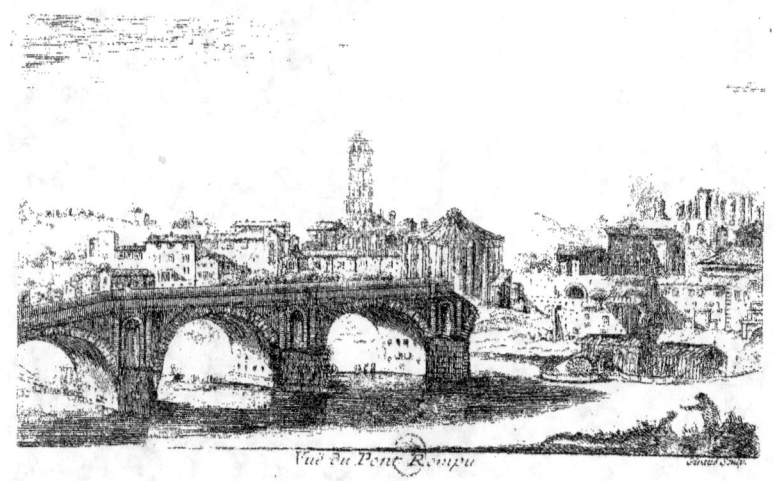

Vuë du Pont Rompu

L'EGLI-

L'EGLISE DE S. ANDRÉ
DE LA VALLE.

E Cardinal Aléxandre de Montalte, neveu de Sixte V. fit bâtir cette belle Eglise, à côté du palais de la valle, qui lui a donné fon nom. L'architecture eft d'un goût excellent, pleine de noblefle, & de majeftè, quoique de deux mains differentes. Elle fut commencée par Olivieri, & terminée par Charles Maderne: Sa façade l'une des plus eftimées de Rome eft du Chevalier Rainaldi. C'eft un double rang de colonnes d'ordre Corinthien, posé l'un fur l'autre, qui foutiennent un magnifique frontifpice, couronné d'une Croix, tel qu'on le voit dans la planche à côté. Les intervalles des colonnes font ornés de huit niches dans lesquelles on a placé des ftatües de pierre. S. Gaëtan, & S. Sebaftien, ouvrage de Dominique Guidi, avec S. André Apôtre, & S. André Avelline d'Hercules Ferrata rempliffent les niches du bas. Celles de l'ordre fupérieur, ainfi que les anges mis aux côtés, font toutes de Jacques Antoine Fancelli.

La prémiere Chapelle à droit en entrant fut faite fur un deffein de Charles Fontana; le marbre le plus précieux y eft prodigué par tout: la feconde qui ne lui céde ni en magnificence, ni en ornemens a été bâtie par les feigneurs de la maifon Strozzi fur un deffein de Michel Ange Buonarotti, qui fit auffi le modéle de la Piété, & des ftatües collaterales, jettées en bronze. Les peintures de cette églife, égalent pour le moins la beauté, & l'élégance de fon architecture. Sur l'autel qui eft dans le fond du côté droit, on voit un tableau de S. André Avelline du Chevalier Lanfranc, qui a auffi peint le dôme. Dans le fond de la Croifée oppofée on trouve celui de S. Gaëtan de la main du Camaffei. Le Cozza Calabrois a fait les grandes peintures, qui font dans le bas du choeur. Le tableau de la Sainte Vierge avec l'enfant Jefus, qui eft dans la Chapelle de S. Sebaftien, eft de Jules Romain. Les principales actions de la Vie de S. Gaëtan peintes au deffus de la corniche, les fix vertus plus grandes que le naturel, placées entre les fenêtres, & les peintures des angles du dôme, font toutes du célèbre Dominiquain. La derniere chapelle à main droite en fortant eft auffi fort eftimée, non feulement pour la richeffe des marbres, & des ornemens, mais encore pour les peintures de l'autel & des côtés, qui font toutes du Chevalier Paffignani.

Entre les differens maufolées qui embelliffent cette églife, les connoiffeurs préférent celui du Comte de Tiera. Elle eft deffervie par des religieux qui fuivent la régle de S. Gaëtan de Thienne.

L'EGLI-

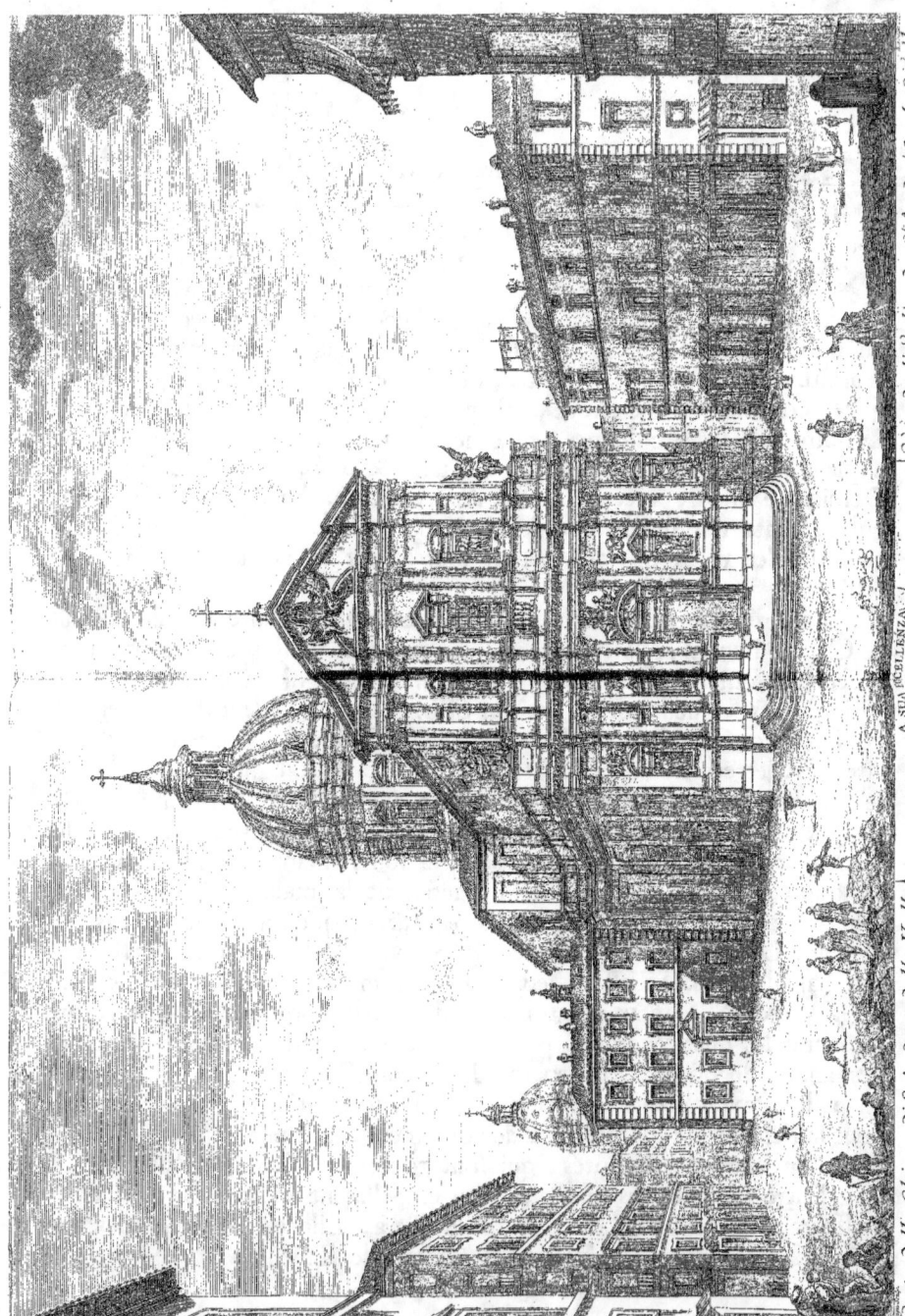

Veduta della Chiesa di S. Andrea della Valle | Vue de l'Eglise de S.tAndré de la Valle

A SUA ECCELLENZA
IL SIG. CONTE GIACOMO NEANI SENATORE DI BOLOGNA
e per l'Illma ed Eccelsa Reggimento Ambasciadore alla Santità di N. S.
Papa CLEMENTE XIII.

1 Porta della Valle.   2 Convente de Padri Teatini   3 Cupola di
5 Carsi De Catenari.   4 Palazzo Trigola.

1 Porte de la Valle.   2 Couvent des Peres Theatins.   3 Dom. S.
5 N.t Charles Catinari   4 Palais Trigola.

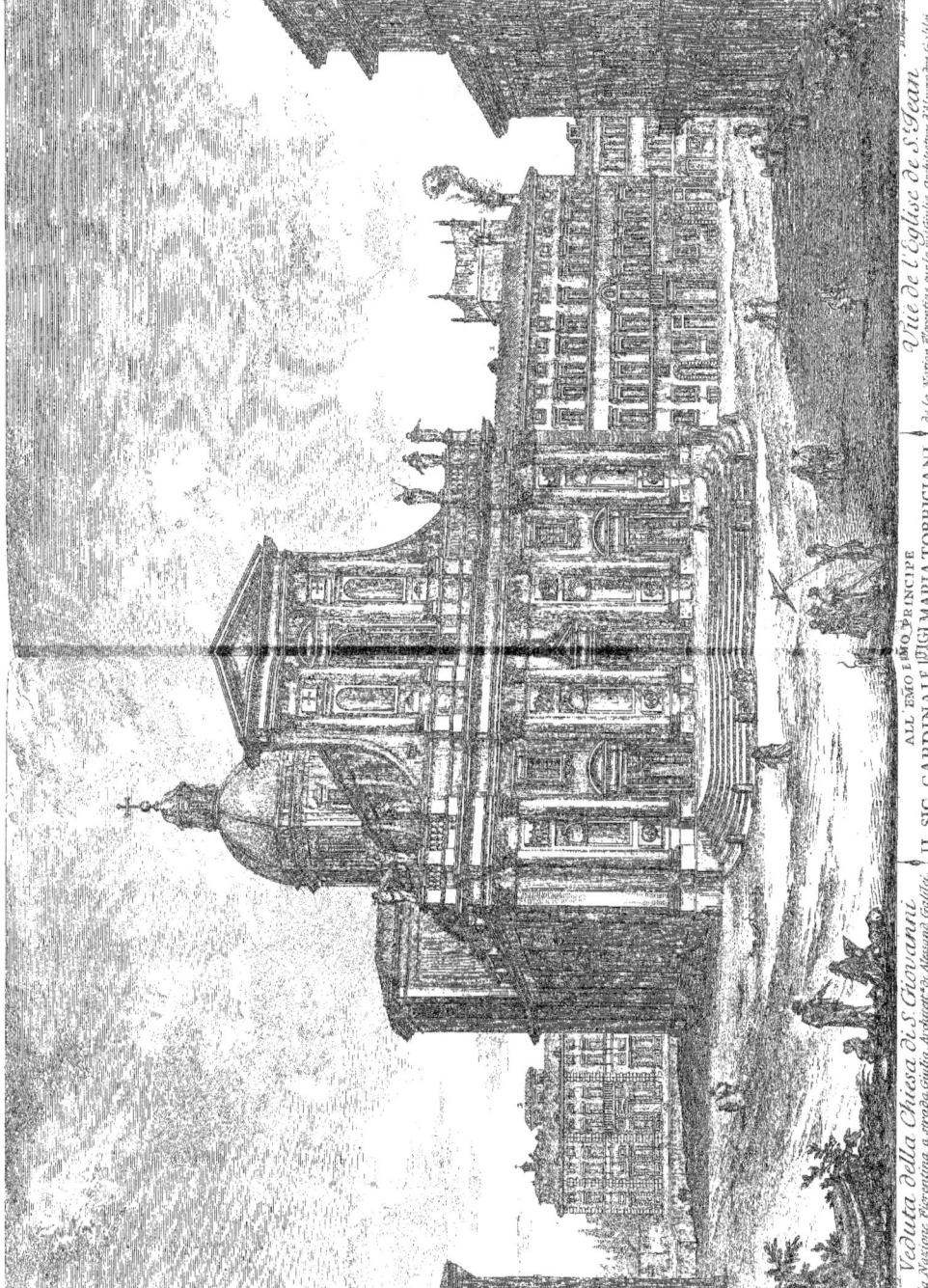

Veduta della Chiesa di S. Giovanni
della Nazione Fiorentina a strada Giulia. Architetto Sig. Alessano Gadità.
1 Abitazione, ed Ospedale di detta Nazione.   2 Palazzi Salviati di la
dal Tevere.   3 Collegio Banchelli.

ALL Emo Emo PRINCIPE
IL SIG. CARDINALE LUIGI MARIA TORRIGIANI
Diacono di SS. Vito e Modesto, Segretario di Stato di N.S. Papa CLEMENTE XIII. ec.

Vüe de l'Eglise de St. Jean
de la Nation Florentine sur la rue Julia. Architecture d'Alexandre Gadità.
1 Habitation et Hopital de cette Nation.   2 Palais Salviati au de la
du Tibre.   3 Collège Banchelli.

L'EGLISE DE S. JEAN
DES FLORENTINS.

Ans le fort de la peste qui defoloit Rome en 1488., il fe forma une Congrégation de gens pieux, tous Florentins de nation, qui peu contents de facrifier leur vie au fervice des pauvres peftiférés, voulurent encor employer leurs biens à conftruire une Eglife, fous l'invocation du bienheureux S. Jean Baptifte: elle eft bâtie à une des extrémités de la rüe Julia, fur le deffein de Jacques de la Porte. En 1519. le Pape Leon X. l'érigea en parroiffe, en 1592. Clement VIII. l'enrichit des Corps de S. Prote, & de S. Hiacinthe. Clement XII. a fait élever la belle façade que l'on voit aujourd'hui, fur le deffein du Chevalier Aléxandre Galilei. Elle eft toute de pierres de taille, entremélées de marbre blanc, & de bas-reliefs, qui repréfentent quelques traits remarquables de la Vie de S. Jean Baptifte, avec des palmes liés en forme de couronne, qui renferment une grande fleur de lis, dont l'écu de Florence eft orné. Dans la partie fuperieure, font placées fix belles ftatües de pierre: S. Philippe Benizi, S. Pierre Ignée, Saincte Magdelaine de Pazzi, S. Bernard Uberti, S. Eugéne Diacre, & S. Catherine de Ricci.

Quoique cette Eglife foit affez grande, & même à trois nefs, nous n'avons pas grand chofe à dire de fon architecture. Nous nous contenterons de parler des belles peintures qui la décorent, qui font toutes de bonne main.

La prémiere chapelle à main droite eft dédiée à S. Vincent Ferrier, que l'on y voit peint dans l'action de prêcher. On croit le Paffignani auteur de ce tableau. Le tableau de la feconde, qui repréfente S. Philippe Benizi, a été fait à Florence. On trouve dans la troiziéme S. Jerôme à genoux aux pieds du Crucifix, ouvrage du Titi Florentin: le même Saint peint fur l'un des côtés de la chapelle, dans l'attitude d'écrire, eft de Louïs Ciroti: la peinture à l'oppofite eft du Paffignani, & les autres, qui font à frefque font d'Etienne Pieri: Le S. Philippe de Neri, avec la Vierge, & autres Saintes, ne font que des copies de l'original de Charles Maratte.

Dans la chapelle de la croifée, Salvator Rofa a peint le S. Cofme. & le S. Damien. Au-deffus des portes latérales on obferve deux maufolées, dont l'un qui eft de Mgr. Corfini a été exécuté par l'Algardi, & l'autre qui eft de Mgr. Aciajoli, par Hercules Ferrata.

La Chapelle fuivante, dédiée à la Sainte Vierge, eft ornée d'une maniere gracieufe. Les peintures de fa naiffance, & de fa mort, qui font fur les côtés, font d'Anafthafe Fonteboni: les autres d'Auguftin Ciampelli.

Le maître autel, qui eft grand & majefteux a été élevé par les Sei-

gneurs

gneurs Falconieri fur le deffein de Borromini, & achevé par Ciro Ferri.
On l'a embelli de groffes colonnes d'un marbre, que l'on nomme *Cata-*
nello, & de plufieurs autres ornemens de même matiére. La ftatüe de
S. Jean Baptifte, qui baptife J. Chrift eft d'Antoine Raggi : celle de la
foy dans un des maufolées, placés aux côtés, eft d'Hercules Ferrata,
& celle de la Charité dans le maufolée oppofé, eft de Dominique Guidi.

Le Crucifix en bronze de la chapelle des Seigneurs Sachetti, fut jetté fur le modéle fait par Profper Brefciani ; & les peintures de la voûte, ainfi que celles des côtés font du Chevalier Lanfranc.

Braccio Ciarpi, peignit la Marie Magdelaine, qui eft dans la chapelle fuivante. Il fut le maître de Pierre de Cortonne, après avoir été
l'éléve de Santi Titi, qui a fait le S. François de la chapelle attenante.

En entrant dans cette nef on trouve deux maufolées en façe l'un
de l'autre ; celui de Mgr. Seminïati a été travaillé par M. de Laval, &
celui du Marquis Capponi fut éxécuté par Mr. Slotz, fur le deffein du
Chevalier Fuga.

Le tableau de S. Antoine dans la Chapelle qui fuit eft l'ouvrage du
Ciampelli : les hiftoires à frefque de Laurens Tempefta, & les peintures
des Apôtres S. Pierre & S. Paul, que l'on voit fur les côtés, de Jean Ange Canini.

Le tableau de Sainte Marie Magdelaine de Pazzi, qui eft dans la
chapelle qui porte fon nom, a été peint par Corrade Florentin, ainfi que
les figures collaterales de S. Jofeph, & de S. Anne. Le refte a frefque eft
du Cofei.

La Chapelle qui renferme les fonds Baptifmaux, eft toute de la
main de Baptifte Vanni Florentin : on y voit entre autres un S. Sebaftien, que les connoiffeurs eftiment.

Cette Eglife eft deffervie par une congrégation de prétres feculiers,
qui vivent en communauté dans une maifon contigue. S. Philippe de
Neri, en qualité de compatriote les vifitoit fouvent, & le Cardinal Ba-
ronius leur témoignoit la même eftime. Dominique Fonti Florentin a fondé, en faveur de fes nationnaux, l'hôpital que l'on voit à côté.

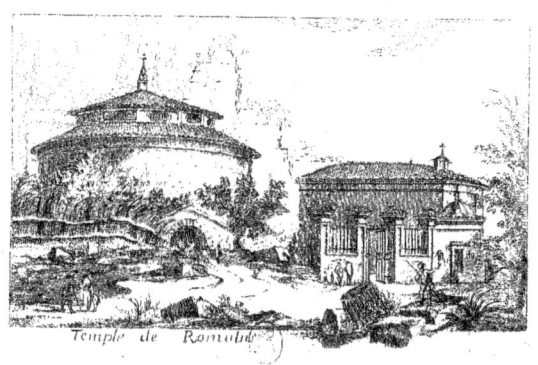
Temple de Romulus

L'EGLI-

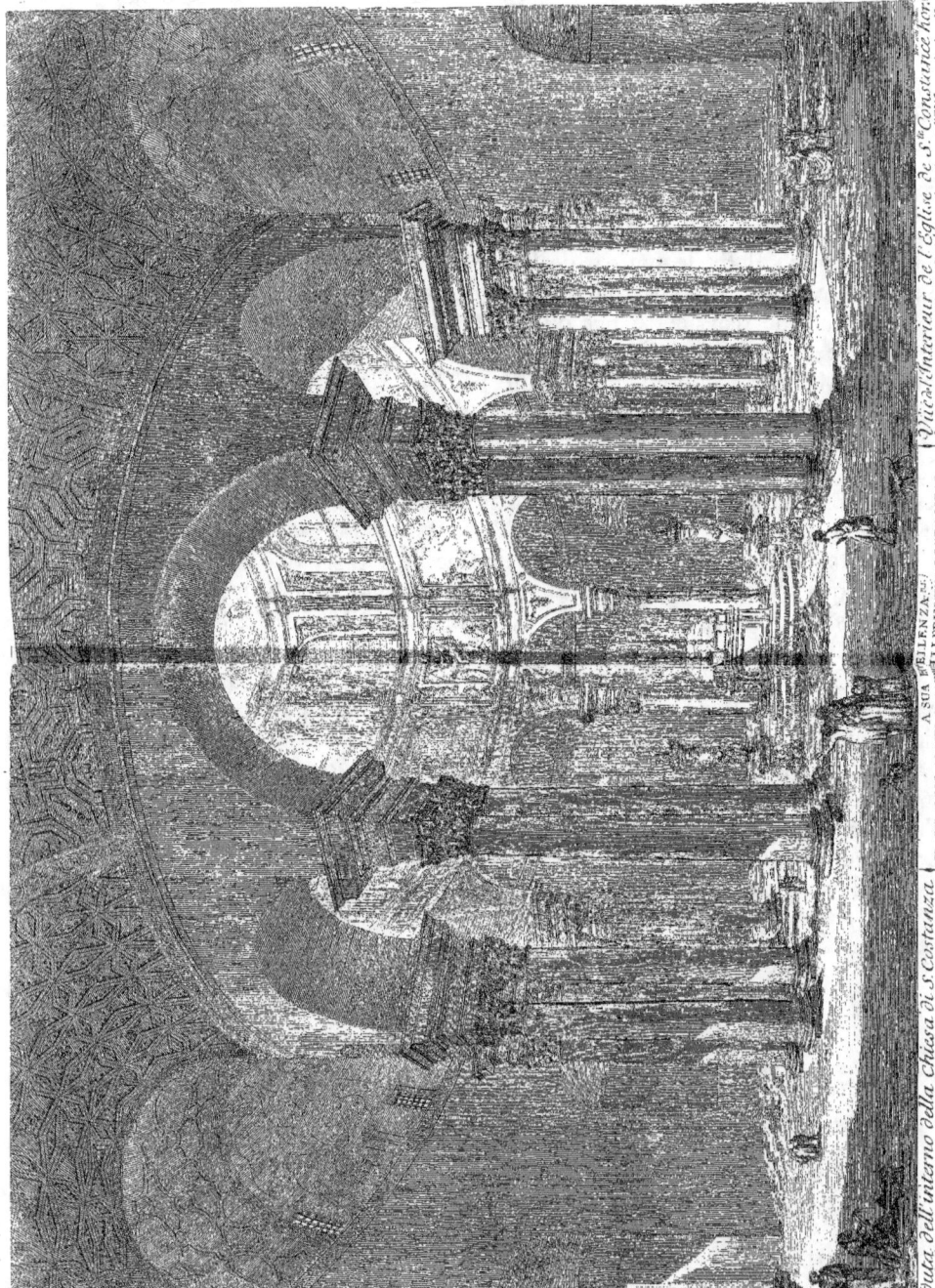

Veduta dell'interno della Chiesa di S.ta Costanza
fuori delle mura. 1 Colonne n.24. 3 graniti che reggono l'Edifizio. 2 Mont
ti antichi. 3 Candelieri antichi di marmo. 4 Orn... 5 Pozzo. 6 terre di un Pozzo.

A SUA ECELLENZA
IL SIG. DON ANGELO GABRIELLI PRINCIPE DI PROSSEDI e c.

Vue de l'interieur de l'Eglise de S.ta Constance hors
des murs. N.1. 24 Colonnes de Granite qui soutiennent l'Edifice. 2 Anciens Mo...
... 3 Anciens Chan... de marbre. 4 Ornem. Vase. 5 Puydhée. 6 terre d'un...

A SUA ECELLENZA

L' EGLISE DE S. CONSTANCE
HORS DES MURS.

Ette Eglife, qui eft à un mille hors de la porte Pie, fut dédiée à S. Conftance par le Pape Alexandre III. plufieurs auteurs prétendent, que Conftantin le Grand la fit bâtir pour
fervir de tombeau à S. Conftance fa fille, & l'opinion vul-
gaire, qui veut que cet édifice ait été un temple dédié à
Bachus, n'eft point fondée : aucun auteur n'en fait mention, d'ailleurs
fi l'on examine avec attention, la conftruction & la matiére de l'édifice,
on reconnoit facilement qu'il eft des bas fiécles & du tems de Conftantin, qui ayant fait bâtir le maufolée de S. Héléne fa mére fur la voye
Labicana, fit pareillement bâtir celui cy pour fa fille, qui avoit mené
une vie religieufe, dans la retraite de S. Agnéfe fur la voye Nomentana,
où il fit renfermer fon corps dans une Urne de porphyre, qu'il tira du
maufolée d'Adrien, felon le Pere Kirker, qui le rapporte dans fon ouvrage intitulé *La Galleria Kirkeriana*, & qui fit auffi prendre des colonnes à la Bafilique de S. Paul, pour le décorer.

Cet édifice eft de forme ronde. Vingt-quatre colonnes de granit acou-
plées de deux a deux en forme circulaire, portent le dôme & la baffe
nef, formant un portique, où l'on voit de beaux morceaux de mofaïque
ancienne. Sous le dôme eft placé le maître autel auprès du quel font deux
chandeliers de marbre, chargés de divers feuillages, avec des têtes de
Bellier d'un beau travail.

Derriére l'autel dans une efpece de niche eft la belle urne de porphyre, d'une feule piéce, d'onze palmes de long fur cinq de hauteur,
où fut mis le corps de Sainte Conftance. Elle eft fculptée de divers ornemens en reliefs, avec des feuilles de vigne, des raifins, & des enfans
qui portent la Bulle d'or & qui repréfentent une vendange. Sur fon cou-
vercle, on obferve quatre têtes, l'une repréfentant Bacchus encore jeune, l'autre une Baccante, & la troiziéme Bacchus deja vieux, & couronné de feuilles de vigne ; ce qui a fait croire à quelques uns, que le temple lui avoit été dédié.

Il y a des niches tout au tour de la baffe nef, où vraifemblable-
ment on avoit mis des ftatües. Les peintures du dôme, qui font modernes, font à frefque ; elles repréfentent la Vie de S. Conftance.

O   EGLI-

EGLISE ET PLACE
DE SAINT EUSTACHE.

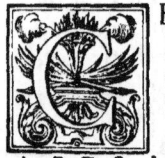

Ette Eglife qui donne fon nom au quartier dans le quel el-le eft bâtie eft fi ancienne que l'on ne fçait précifement à quel tems rapporter fa fondation. L'oppinion commune & la tradition nous donnent cependant lieu de croire que ce fut Conftantin le grand qui la fit bâtir à l'endroit même où S. Euftache chevalier romain fouffrit le Martyre, on la répara entierement & on y fit quelques augmentations fous le pontificat du Pape Celeftin III. qui la confacra de nouveau & fit placer fous le maître autel avec le corps de S. Euftache, celui de Theopifte fa femme, ainfi que ceux de fes deux enfans qui avoient été martyrifé avec lui.

Comme par fucceffion de tems cette Eglife tomboit de nouveau en ruine, elle fut rebâtie telle qu'on la voit aujourd'huy par le génereufe piété de fon Chapitre, & particuliérement du Chanoine Flaminius Moroli qui lui Léga tous fes biens. Le Cardinal Neri Corfini en étant devenu titulaire, fit faire le maître autel fur le deffein de Nicolas Salvi & fit pofer les corps de ces Saints martyrs dans une urne de porphyre ornée de bronze doré placée fous l'autel.

Cette Eglife n'a rien de remarquable dans fon Architecture. Le tableau qui repréfente le Saint Titulaire eft l'ouvrage du Muratori. Le S. Jerôme & la Vifitation de la Vierge dans les autels laterceaux de la croifée, ont été peints par Jacques Zoboli.

La Place à qui l'Eglife donne fon nom eft petite mais fort frequentée, on y tient un marché continuel de toute forte de fruits, d'herbes & autres chofes neceffaires à la vie. Le Palais Cenci qui fait un de fes plus beaux ornemens comme on le voit dans la planche eft de l'architecture de Jules Romain. Celui de la fapience qu'on voit dans le fonds à été bâti par le Borromini, & on lui a donné le nom de fapience parceque c'eft là où l'on enfeigne les fciences & toutes les langues fçavantes.

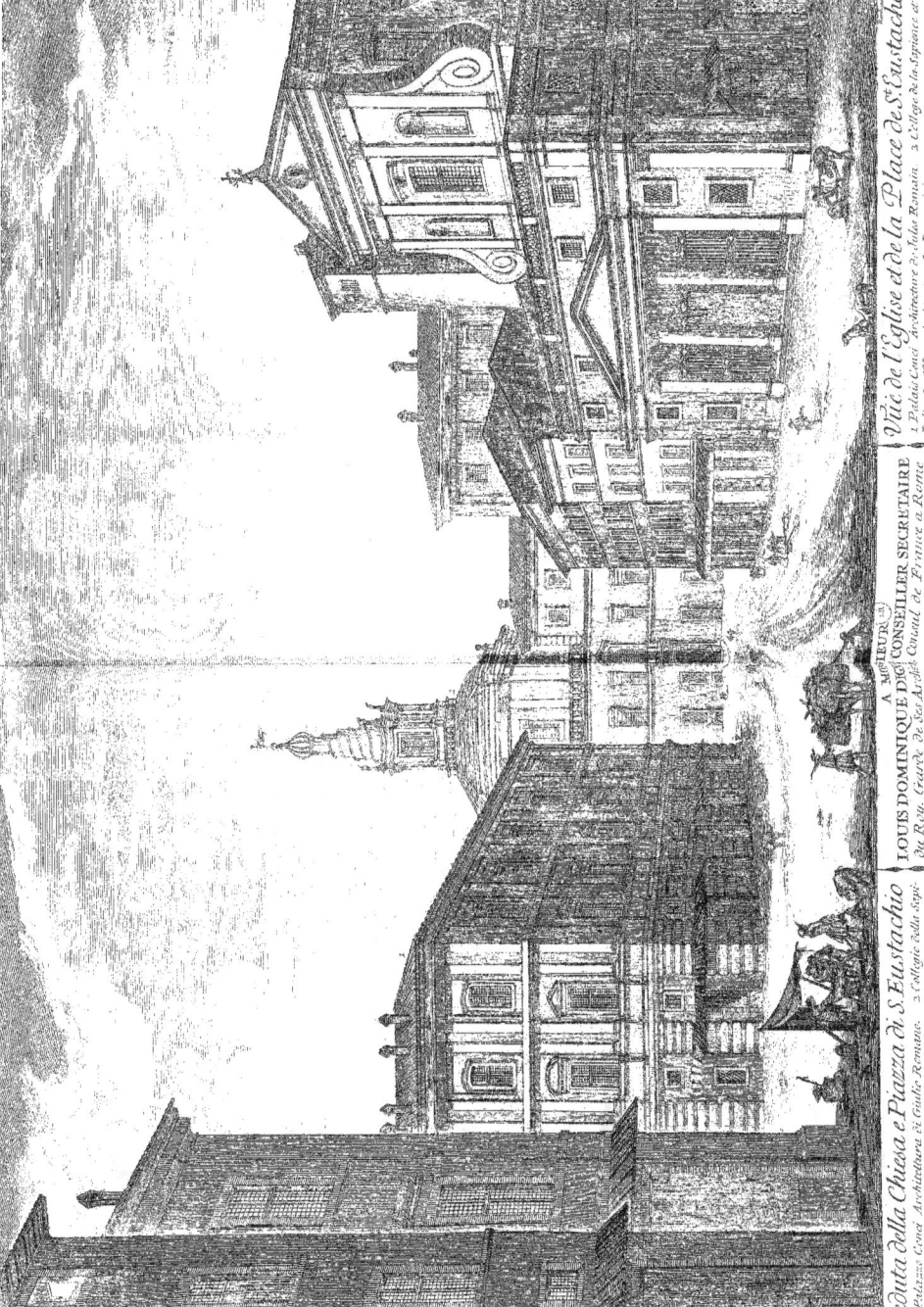

Veduta della Chiesa e Piazza di S. Eustachio
1 Palazzo Conci Architettura di Giulio Romano.   2 Collegio della Sapienza Chiesa di S. Luca Architettura del Borromini.
Faber sculp.

A MONSIEUR (!)
LOUIS DOMINIQUE DE CONSEILLER SECRETAIRE
Du Roy. Garde de Ses Archives Colatté de France a Rome

Vüe de l'Eglise et de la Place de St. Eustache
1 Palais Conci Architecture de Jules Romain.   2 Collège de la Sapience et
Eglise de Ste. Luc Architecture du Borromini.

Veduta della Piazza del Popolo

AL RMO P. M. FR. TOMMASO AGOSTINO RICHINI

Dell'Ordine De Predicatori, Maestro del Sacro Palazzo ecc.

1 Chiesa della Madonna de' miracoli. 2 Chiesa di S. Maria di Monte Santo.
3 Strada del Corso. 4 Strada, la quale conduce a Piazza di Spagna. 5 Strada
per la quale conduce a Ripetta. 6 Obelisco benedetto da Sisto V.

Vûe de la Place du Peuple

1 Eglise De la Vierge des miracles. 2 Eglise de Ste. Marie de Mont. Santo.
3 Rue du Cours. 4 Rue qui conduit à la Place d'Espagne. 5 Rue qui conduit
a Ripetta. 6 Obelisque consacré par Sixte V.

PLACE DU PEUPLE.

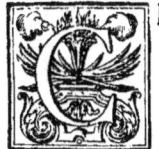Ette place ainfi que la porte par laquelle on y entre, porte le nom, de Peuple, foit, comme quelques uns le prétendent, qu'elle le doive au mot latin *Populus* à caufe des bofquets, & des allées de peupliers, qu'Augufte, de fon vivant, fit planter autour de fon maufolée, élevé dans ce lieu, foit, comme il eft plus probable, qu'elle le tire d'une Eglife dédiée à la Vierge du Peuple, dont celui cy fit tous les frais, & qu'il bâtit à fon honneur.

Dans le milieu de cette grande place fe réunit le point de vuë le plus frappant. C'eft la perfpective des trois plus grandes, & plus belles ruës de Rome, que l'on découvre jufqu'au bout. Sixte V. fit élever dans cet endroit un fuperbe obelifque de granit, tranfporté d'*Egïpte* à Rome fous le régne d'Augufte, après qu'il eut reduit ce Royaume en province Romaine, & que l'on retira des ruines du grand cirque, où d'abord il avoit été placé. Quelques auteurs prétendent qu'il a été taillé du tems que Pytagore voyageoit en Egipte. Sa hauteur depuis la bafe jufqu'à la croix, dont il eft furmonté eft de 163 palmes, il eft orné dans toute fa longueur de figures hiéroglyphiques. Le célébre Dominique Fontana le pofa fur fon piédeftal en 1589. Ce magnifique monument, que la fuperftition avoit confacré au Soleil fut purifié par Sixte V., qui le confacra à la Croix du Sauveur du monde, comme on le voit par une de fes infcriptions.

Du côté méridional de l'obelifque, fe préfente une très belle fontaine, que Rome doit à la magnificence de Grégoire XIII., prèdefceffeur de Sixte V. Les voyageurs, qui viennent du côté de la Romagne entrent dans cette place, par la porte du même nom, bâtie par Pie IV.

En face, & dans le fond de cette place l'on voit deux belles Eglifes, qui font une agréable perfpective. Elles font d'une architecture, noble, gracieufe, d'un même deffein, & de la même main. C'eft le Chevalier Rainaldi qui les a exécutées, & leur conftruction eft duë en grande partie à la liberàlité du Cardinal Gaftaldi de Genes: auffi y voit-on dans l'une, & dans l'autre, plufieurs monumens de fort bonne main, élevés à fon honneur. L'Eglife qui eft à la droite a été bâtie à l'occafion d'une image miraculeufe de la Mére de Dieu, & porte le nom *della Madonna de Miracoli*; elle eft deffervie par des religieux du tiers ordre de Saint François, de la Congrégation de France. Celle qui eft à la gauche dite *S. Maria di Monte Santo*, l'eft par des Carmes réformés, de l'état Ecclefiaftique. Ces deux Eglifes terminent la place du Peuple, & commencent la belle ruë du Cours qui les fépare.

LA PLACE NAVONE.

E toutes les places de Rome, celle ci eſt une des plus ſpa-
cieuſes, & des plus fréquentées ; c'étoit autre fois, ainſi
que l'aſſurent la plus part des antiquaires l'ancien cirque de
l'agone, c'eſt à dire le lieu où l'on donnoit les combats
de gladiateurs : nom, que la corruption a changé en celui
de Navone.

Elle a quatre fontaines, dont deux furent faites par ordre de Grégoire XIII. Celle du milieu, qui eſt une des plus belles de Rome, & peu-
têtre du Monde entier, eſt du deſſein du Chevalier Bernin, & duë à la
magnificence d'Innocent X.

Du milieu d'un grand baſſin de marbre, de figure ronde, s'éléve un
grand rocher, percé des quatre côtés ; il ſert de baſe à un obéliſque haut
de 74. palmes, & chargé d'hiérogliphes, que l'Empereur Caracalla fit
tranſporter d'Egipte, pour le placer dans ſon cirque, qui étoit proche
de l'Egliſe de S. Sébaſtien. Aux quatre côtés du rocher ſont placées quatre
ſtatües giganteſques, qui repréſentent les quatre principaux fleuves du monde, qui ſont, le Danube, le Gange, le Nil, & la Plata, ou la riviére
d'argent. Ces quatre bouches, qui vomiſſent chacune d'elles un tor-
rent le dégorgent dans un grand baſſin repréſentant l'Océan, & ce qui
achéve de ſatisfaire l'œil, eſt une grotte à jour pratiquée dans le rocher même, qui laiſſe voir un Cheval d'une forme admirable, avec un
Lion d'égale beauté.

La fontaine qui eſt du côté de S. Jacques des Eſpagnols eſt enrichie de figures de Tritons, qui toutes jettent de l'eau en grande abondance. Le Neptune du milieu eſt du Chevalier Bernin, & le deſſein de
cette fontaine, qui eſt très eſtimée, eſt de Michel Ange.

A ſon oppoſite, & à l'autre extrémité de la place, on en voit une
autre, qui n'eſt point ornée de ſtatües, mais qui ne laiſſe pas d'être admirable par la quantité, & par la variété des marbres dont elle eſt toute compoſée.

Entre celle cy, & celle du milieu, que nous avons déja décrite,
on en trouve une quatriéme, qui n'a de curieux, qu'un grand vaſe de
marbre ancien d'un ſeul morceau, dans le quel vont ſe rendre toutes les
eaux.

On tient un marché ſur cette place tous les mécredis de l'année, & on
l'innonde tous les dimanches pendant le mois d'août ; ſpectacle qui y
attire une partie de Rome, & qui renouvelle en quelque façon la pompe
des anciennes Naumachies. La ſeule différence qui s'y trouve, c'eſt qu'
au lieu d'y voir des gondoles & des barques, s'y exercer à la rame, on
n'y apperçoit que des caroſſes, qui y roulent ayant de l'eau juſqu'au
moyeu.

L'Egli-

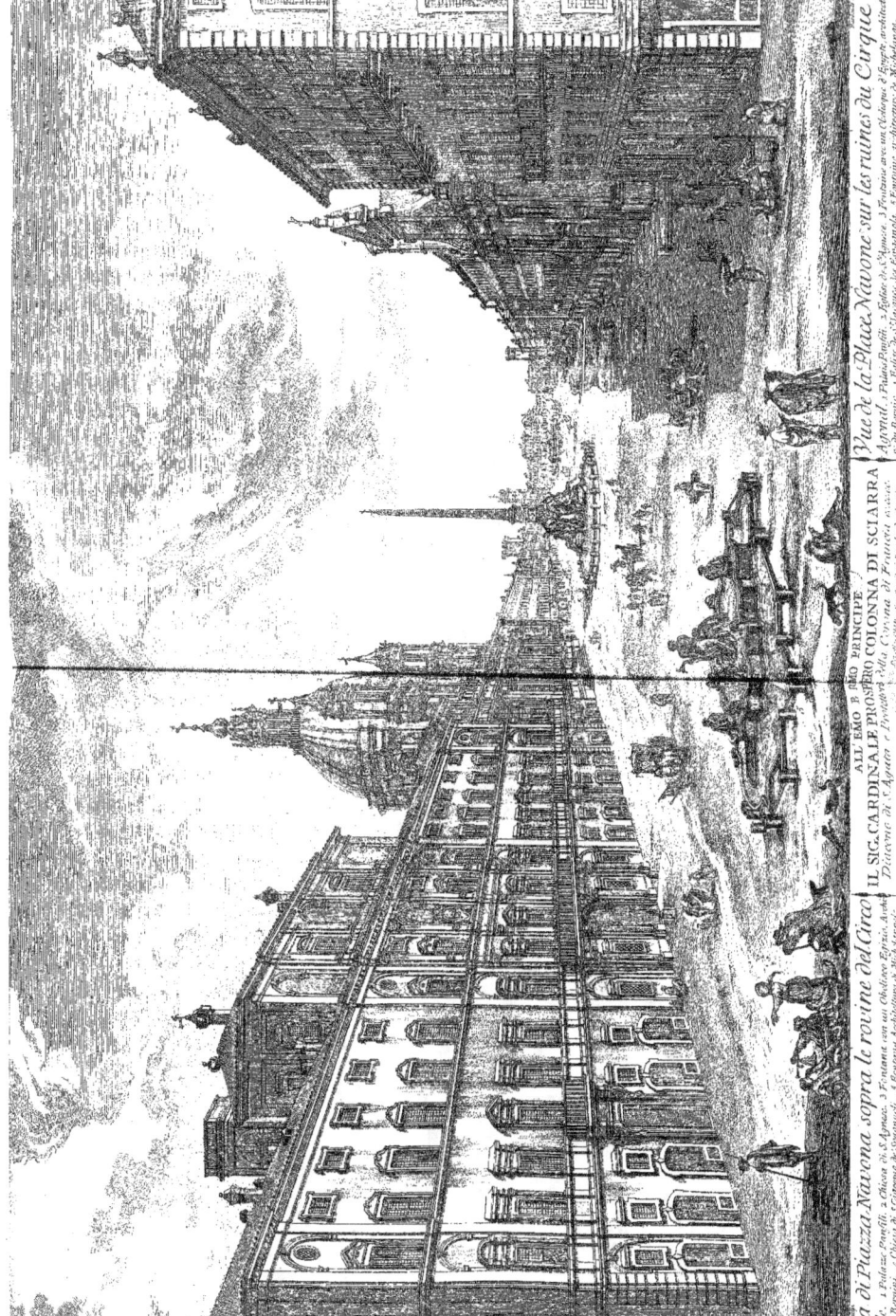

Veduta di Piazza Navona sopra le rovine del Circo

ALL EMO E RMO PRINCIPE
IL SIG. CARDINALE PROSPERO COLONNA DI SCIARRA

Vue de la Place Navone sur les ruines du Cirque

Agevoule. 1 Fontane Ponsilii. 2 Chiesa di S.Agnese. 3 Fontane con un Obelisco Egizio. Architettura del Bernini. 4 Chiesa di S.Giacomo de Spagnuoli. 5 Fontane Architettura di Mich.Angelo.

ANVlf. 1 Fontei Ponsili. 2 Eglise de S.Agnese. 3 Fontaine avec un Obelisque d Egypte architecture du Bernin. 4 Eglise de S.Iacques des Espagnols. 5 Fontaine, architecture de Michelange.

L'Eglife de Sainte Agnéfe fait un des plus beaux ornemens de cette place. L'Architecture, qui eft du Chevalier Rainaldi ; en eft également gracieufe & majeftueufe. D'une fimple chapelle, la magnificence d'Innocent X. en a fait un temple fuperbe. Il a la forme d'une Croix grecque. Le dôme eft accompagné de deux clochers en forme de pavillon, & la façade faite en théatre, eft d'ordre corinthien, avec trois portes ; le tout embrafsé par deux palais d'égale fimétrie.

Aux quatre piliers du dôme font placés quatre autels, tous ornés de bas-reliefs de marbre. Le premier à droite en entrant, repréfente S. Alexis ; il eft de la main de François Roffi ; les bas-reliefs de l'autel qui fuit font d'Hercules Ferrata ; la S. Cecile du troifiéme, d'Antoine Raggi, & S. Euftache du quatriéme, de Melchior de Marratte.

Des colonnes de verd antique, differens autres marbres, bronzes, & d'excellents bas-reliefs repréfentants JESUS, MARIE, JOSEPH, Saint JEAN BAPTISTE &c. ornent le maître autel: ils font de Dominique Guidi : Le basreliefs de l'autel de Sainte Agnéfe eft d'Hercules Ferrata, & le S. Sebaftien de Paul Campi.

Ciro Ferri commença les peintures du dôme ; fes éléves les finirent. Celles des angles font de Jean Baptifte Gauli, dit le Bacciccio. Au deffus de la grande porte l'on voit le maufolée d'Innocent X. fait par Jean Baptifte Aini.

On eftime beaucoup le pavé de cette églife, qui eft tout d'un marbre précieux, & l'on conferve dans la facriftie un foleil, orné de diamans, d'éméraudes, & de rubis, avec fa niche toute en lames d'argent ; préfent magnifique du Prince Camille Pamphile dont la maifon a le droit de patronage, & que l'on fait monter à la valeur de 130. mille écus Romains.

L'Eglife que l'on voit à main droite dans la planche, eft S. Jacques des Efpagnols, qui n'a de remarquable que quelques tableaux de bonne main, entre-autres celui du Saint, avec quelques peintures à frefque d'Annibal Carrache.

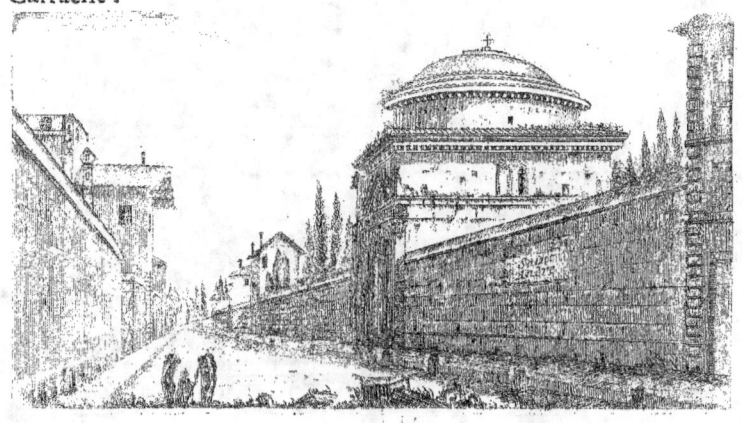

PLACE DE LA ROTONDE.

L E Fameux Panthéon d' Agrippa aujourd'huy appelé Sainte
Marie aux martyrs dite la *Rotonde* donne fon nom à la
Place qui lui fert d' embelliffement . Cette Place n' eft pas
d'une grande étendue , encore eft-elle ambarraffée dans fa
plus belle partie, par quantité de petites boutiques , où l'on
vent les herbages , le Pain , le poiffon , & autres danrées neceffaires à la
vie . On y tient auffi un marché continuel de toute forte de gibier, & de
volaille.

Le Pape Alexandre VII. fit abbaiffer le terrein , que la fuceffion des
tems & divers accidens avoient élevé au deffus du niveau de l' Eglife ,
& Grégoire VII. rendit cette place telle qu'elle eft aujourd' huy . Grégoire XIII. l'enrichit de la belle fontaine qu'on y voit au milieu : Et
Clemens XI. l' orna d' un Obelifque Egyptien de granite rouge chargé
d' Hyeroglyphes .

Nous ne dirons rien de l' Eglife de Sainte Marie de la Rotonde ,
en ayant donné la Defcription dans l' ouvrage intitulé les plus beaux
Monumens de Rome ancienne page 1. & fuivantes, que le Lecteur curieux pourra confulter .

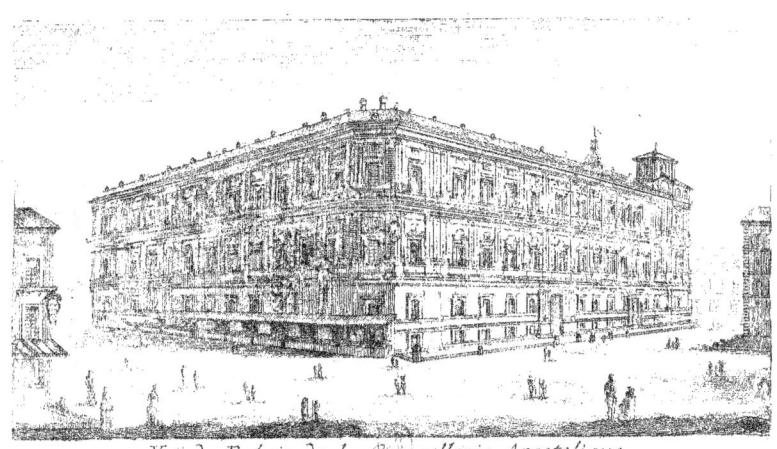

Vuë du Palais de la Cancellerie Apoftolique.

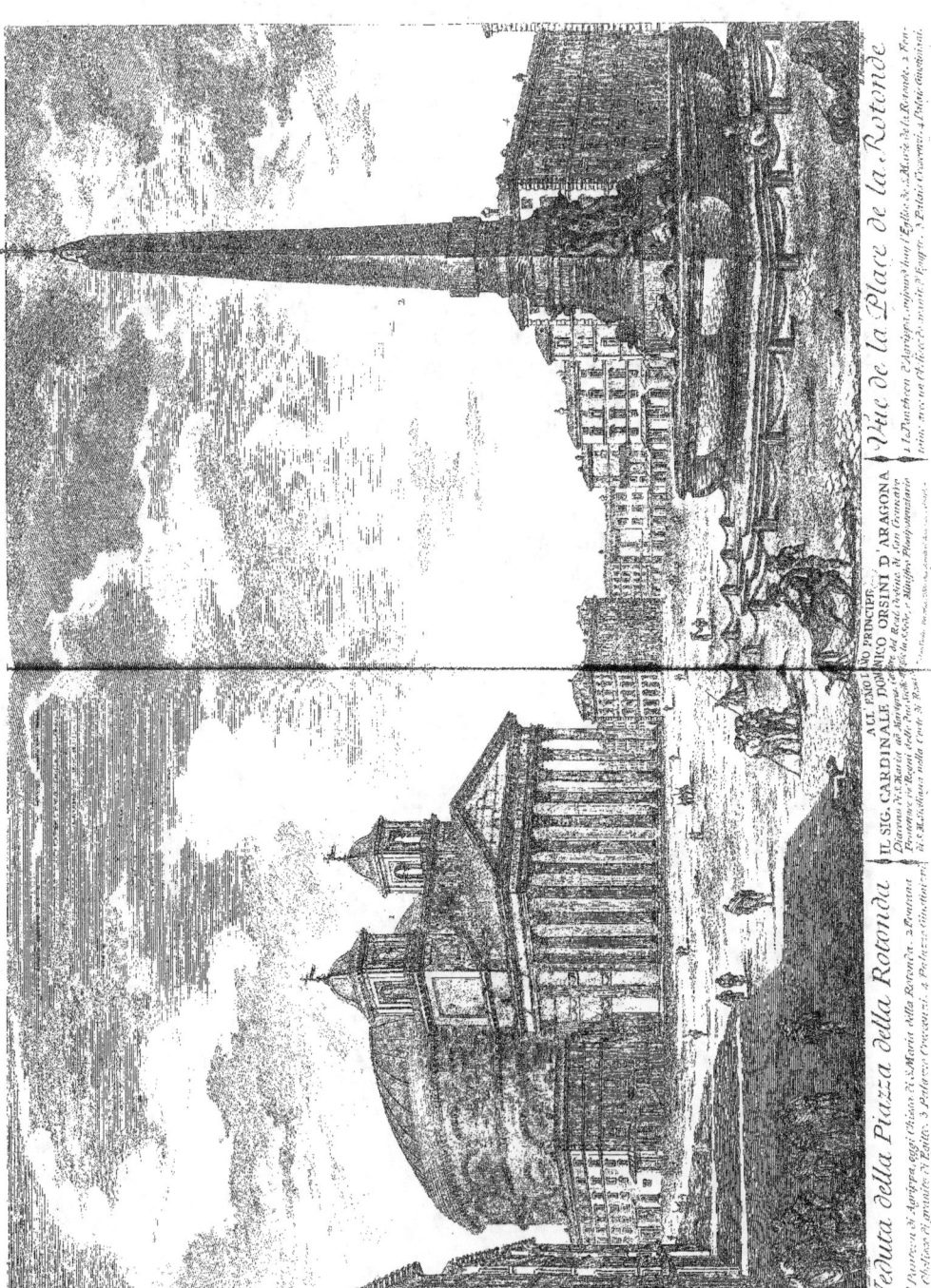

Veduta della Piazza della Rotonda | Vüe de la Place de la Rotonde.

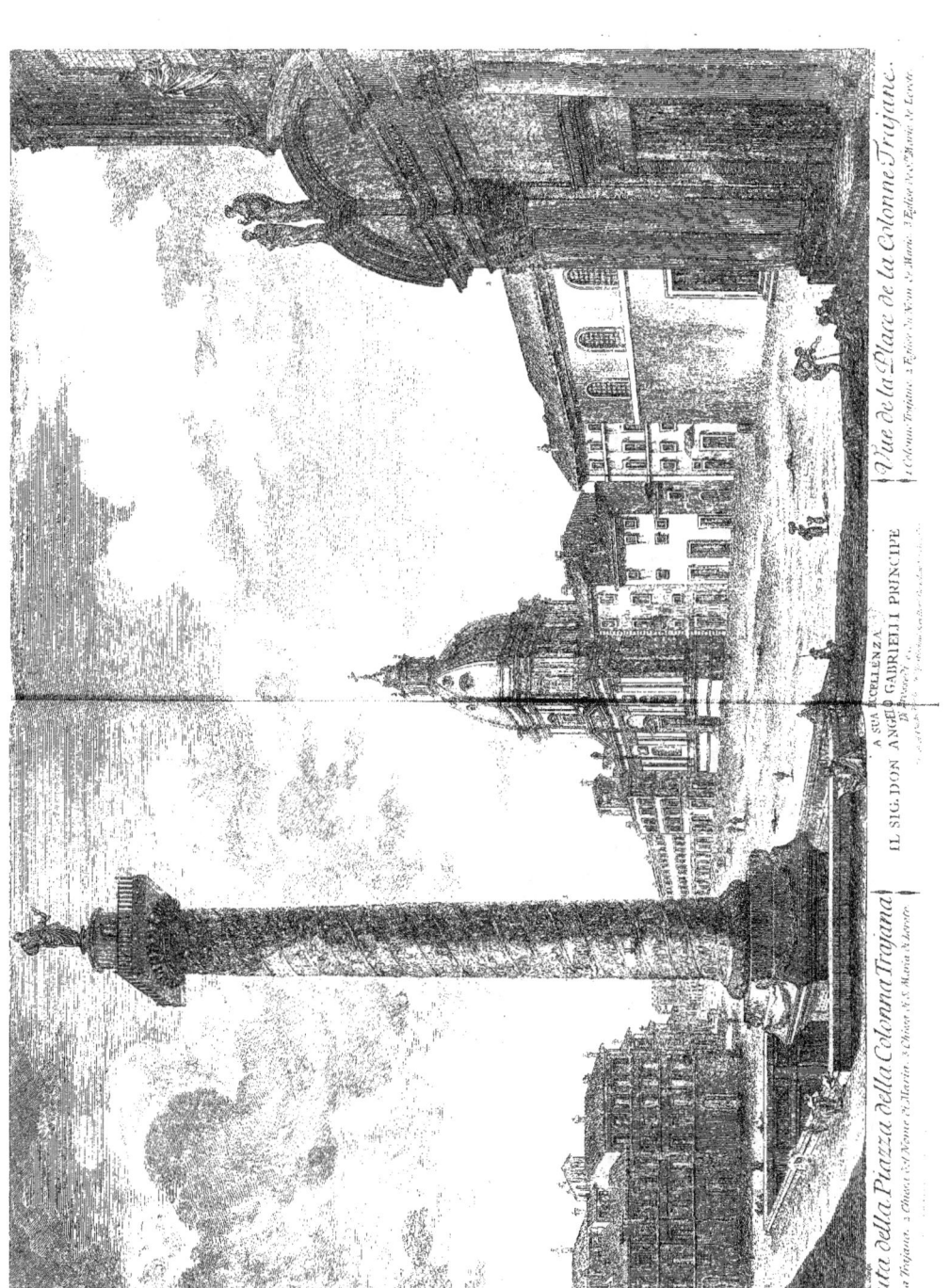

Veduta della Piazza della Colonna Trajana

A SUA ECCELLENZA
IL SIG. DON ANGELO GABRIELLI PRINCIPE

Vue de la Place de la Colonne Trajane.

1 Colonna Trojana. 2 Chiesa del Nome N. Martin. 3 Chiesa di S. Maria di Loreto.

1 Colon. Trajane. 2 Eglise du Nom de Maria. 3 Eglise de S.te Marie de Loreto.

PLACE DE LA COLONNE TRAJANNE.

L A fameufe Colonne érigée à l'Empereur Trajan par le Sénat & le Peuple Romain donne le nom à la Place dont nous préfentons ici la planche. Cette Place qui eft d'une petite étendue & fans regularité occupe aujourd'huy une partie du *Forum* bâti par le même Empereur. Tous les Ecrivains qui ont parlé de l'ancienne Rome, ont fait l'éloge le plus magnifique des fomptueux édifices dont il étoit décoré. Le lecteur curieux qui defirera s'en faire une idée, pourra confulter l'ouvrage des Monuments de Rome ancienne publié en 1761. page 40. il y trouvera auffi la defcription de la Colonne dont nous dirons ici deux mots parcequ'elle fait le principal ornement de la Place.

Cette Colonne a 128 pieds de hautèur y comprenant le piedeftal, la bafe & le chapiteau. Le Piedeftal outre l'Infcription, eft orné de divers Trophées érigées à l'honneur de Trajan & de quelques figures emblematiques repréfentant la victoire & la renommée qui annoncent les exploits & la gloire de cet Empereur. Le fût de la Colonne eft compofé de 23. blocs de marbre & depuis la bafe jufqu'au chapiteau, elle eft ornée de baf-reliefs qui montent en ligne fpirale, & qui repréfentent diverfes expeditions militaires. On y voit des armées en marche, des paffages de rivieres, des campements, des batailles, des fiéges, des Victoires, des Trophées, des Sacrifices, l'Empereur Trajan qui harangue fes Soldats, le tout executé avec une variété & une fineffe dont il eft dificile d'exprimer la beauté, il fuffit de dire que ce monument eft un chefs d'oeuvre de l'art & du bon goût.

On monte au fommet de la Colonne par un efcalier à limaçon compofé de 184: marches, pratiqué dans fon interieur, éclairé par 45. petites fenêtres difpofées à l'entour. Sur le faîte de cette Colonne, on avoit anciennement placé la Statüe de l'Empereur Trajan en bronze doré, mais le tems l'ayant fait difparoître, Sixte V. la fit remplacer par un autre de même metal, repréfentant le Prince des Apôtres. Le même Pontife fit auffi dégager le piedeftal du terrein qui le couvroit.

Auprès de cette admirable Colonne & fur la même place on voit deux Eglifes. La prémiere a été bâtie en 1740. par les penitents de la confrerie du faint Nom de Marie, fous l'invocation du même Nom. L'Architecture eft de Mr. d'Herizct françois, elle eft de forme ronde avec un Dôme a double voûte. Cette Eglife contient fept chapelles difpofées au tour. Le tableau de celle qui eft dédiée a S. Bernard a été

R   peint

peint par Nicolas Ricciolini , celui de la Chapelle de Sainte Anne est d'
Augustin Masucci .

L' autre Eglise est dédiée à Sainte Marie de Lorette , & a été bâtie
en 1507. par une confrerie de Boulangers sur le dessein d'Antoine de
Sangallo , qui fit faire une double voûte à son Dôme . La lanterne au dessus qui est d'un goût bizzare , est du dessein de Jacques le Duc , éléve de
Michel Ange Buonaroti . L'Eglise est de forme octogone & a cinq autels & trois portes qui se répondent , disposées a l'entour . Aux côtés
du maître autel dont le dessein est d'Honorius Longhi , sont deux Anges sculptés par Etienne Maderne . Il y a aussi quatre autres statües faites par d'excellents maîtres . La Sainte Susanne est l' ouvrage du célébre
François Flamant , & le Sainte Cecile de Julien Finelli . Les tableaux late-
raux ont été peints par le Cavalier Cesari . Les peintures a fresque à
l'autel des trois rois sont de Federico Zucchari , celles qui sont à l'autel
de l' Annonciation & a celui de la présentation au Temple de Philippe
Michelli . Les murs de l' Eglise ainsi que ceux du Dôme sont ambellis
de divers ornements en stuc dorè .

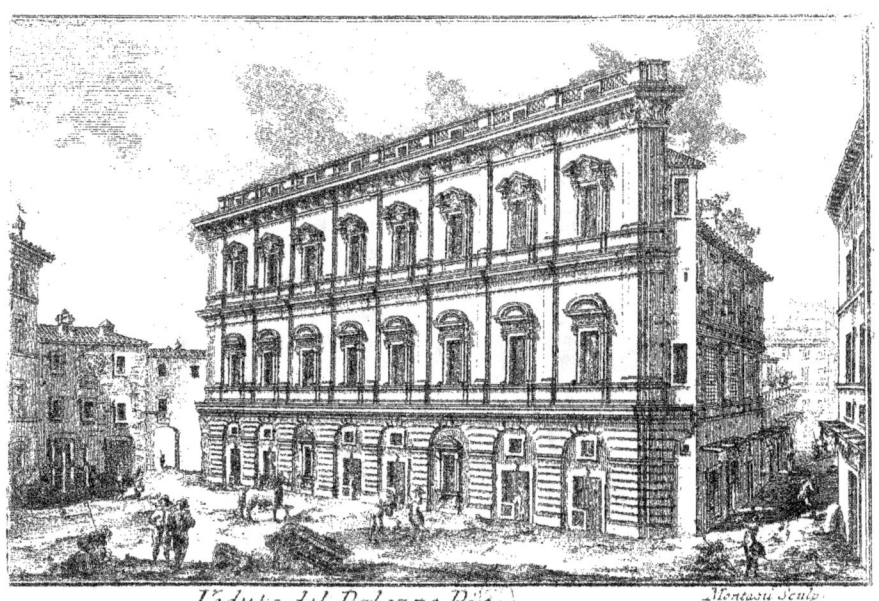

Veduta del Palazzo Pio   Monteagu Sculp.

PLACE

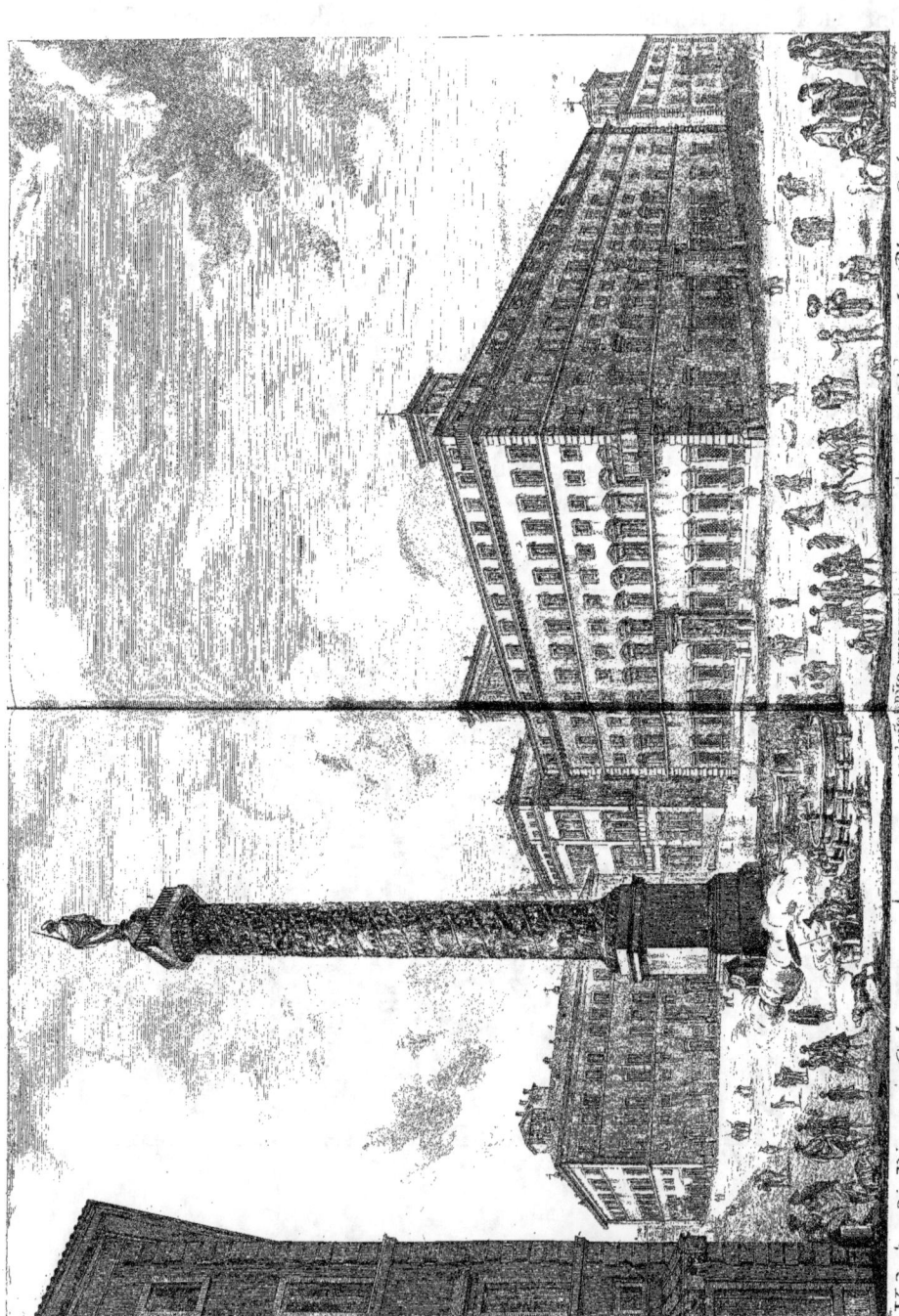

Veduta di Piazza Colonna.

1 Colonna Antonina. 2 Palazzo Chigi. 3 Curia Innocenziana.
4 Residenza di Monsignor Vicegerente.

ALL' ESMO PRINCIPE
IL SIG. CARDINALE FLAVIO CHIGI
Diacono di Maria in Portico.

Vûe de la Place Colonne

1 Colonne Antonine. 2 Palais Chigi. 3 Petite Siée par Innocent XII.
pour la résidence du Juges. 4 Résidence de Monseigneur Vicegerent.

PLACE COLONNE.

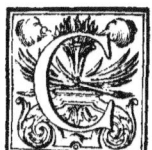 Ette Place qui occupe une partie de l'ancien *Forum* d'Antonin le Pieux, prend fon nom de la colonne qui fut erigée à cet Empereur & qui en fait aujourd'huy le principal ornement, nous n'en parlerons point icy, en ayant donné la defcription dans l'ouvrage des Monuments de Rome ancienne page 44. que les curieux pourront confulter.

Cette Place eft dans un des plus beaux quartiers de Rome, ce qui fait qu'elle eft fort frequentée, elle doit toute fa beauté & fa regularité à la magnificence du Pape Alexandre VII. Grégoire XIII. l'orna de la belle fontaine qu'on y voit, faite fur le deffein de Jacques de la Porte.

De tous les édifices qui l'environnent le palais Chigi eft un de ceux qui contribuent le plus à fon embelliffement. Il eft d'une architecture noble & gracieufe, Jacques de la Porte le commença, Charles Maderne le continua & il fut terminé par Felix *della Greca*. Ses appartements font bien diftribués & contiennent quantité de Tableaux des plus grands maîtres tels que le Titien, l'Albani, le Dominiquain, le Baffan, Carrache, Guerchin, Pouffin, Guide Reni &c. plufieurs batailles de Michel Ange, du Bourguignon, des païfages de Claude Lorrain, divers tableaux de Paul Veronefe, de Pierre Perugino, du Tintoretto, de Pierre de Cortonne, de Charles Maratte, de Jacinthe Brandi & de Salvator Rofa.

On y voit auffi plufieurs ftatües antiques, parmi les quelles font quatre gladiateurs en attitude de combattre, quatre autres ftatües de Jeunes hommes qui s'éxercent à divers jeux ; une Cerès, un Silaine, dix ftatües de differens Dieux du Paganifme, un Bufte de Calicula, deux colonnes d'Albâtre, deux autres de Jeaune antique ; une ftatüe de S. Jean Baptifte de François Mochi, plufieurs Buftes de quelques perfonages de cette illuftre maifon, faits par le Bernin & autres célébres fculpteurs modernes.

Il y a auffi une nombreufe Bibliotheque enrichie de plufieurs manufcrits curieux, particulierement en langue Grecque.

LA

LA PLACE D'ESPAGNE.

E palais de l'Ambaſſadeur d'Eſpagne donne le nom à cette place . Elle a 150 pas de longueur , ſur 26 de largeur . Une fontaine qu'on y voit dans le milieu , appellée la barque , à cauſe de ſa figure , éxécutée & deſſineé par Pierre Bernin , avec le magnifique eſcalier , qui conduit à l'Egliſe des péres du Mont de la Trinité , & qui forme un des plus beaux point , de vûe de Rome , quand on y arrive par le rüe condotti , font toutes les beautés de cette place . De tous les édifices qui l'environnent , celui qui mérite le plus d'attention , c'eſt le Collége de la *Propaganda Fide* ſitué à l'une de ſes extrémités . Il eſt du deſſein & de l'éxécution du Chevalier Bernin , fondé par Grégoire XV. pour y élever des jeunes miſſionnaires , & les mettre en état d'aller porter la lumiére de l'Evangile dans les pays éloignés ; augmenté depuis ſous la direction du Boromini , qui donna auſſi le plan de l'Egliſe , dans la quelle on voit quelques bons tableaux . Le Collége entretient de bons maîtres pour toutes les ſciences . Il poſſede une trés belle bibliothéque , & a une imprimerie avec toutes ſortes de caractéres , & ſur tout pour les langues orientales .

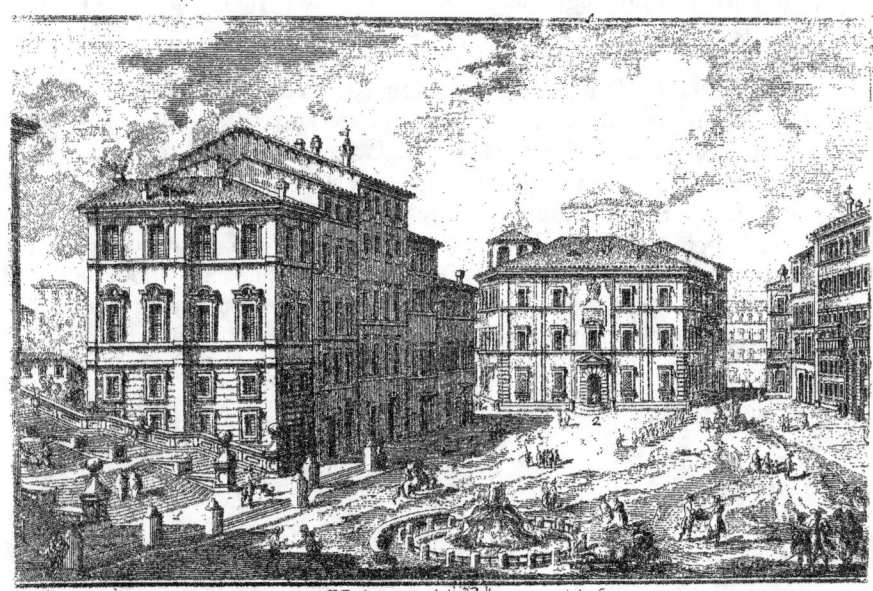

Scalinata della Chieſa della SS. Trinità   *Veduta di Piazza di Spagna*   2 Collegio di Propaganda Fide

MONTE

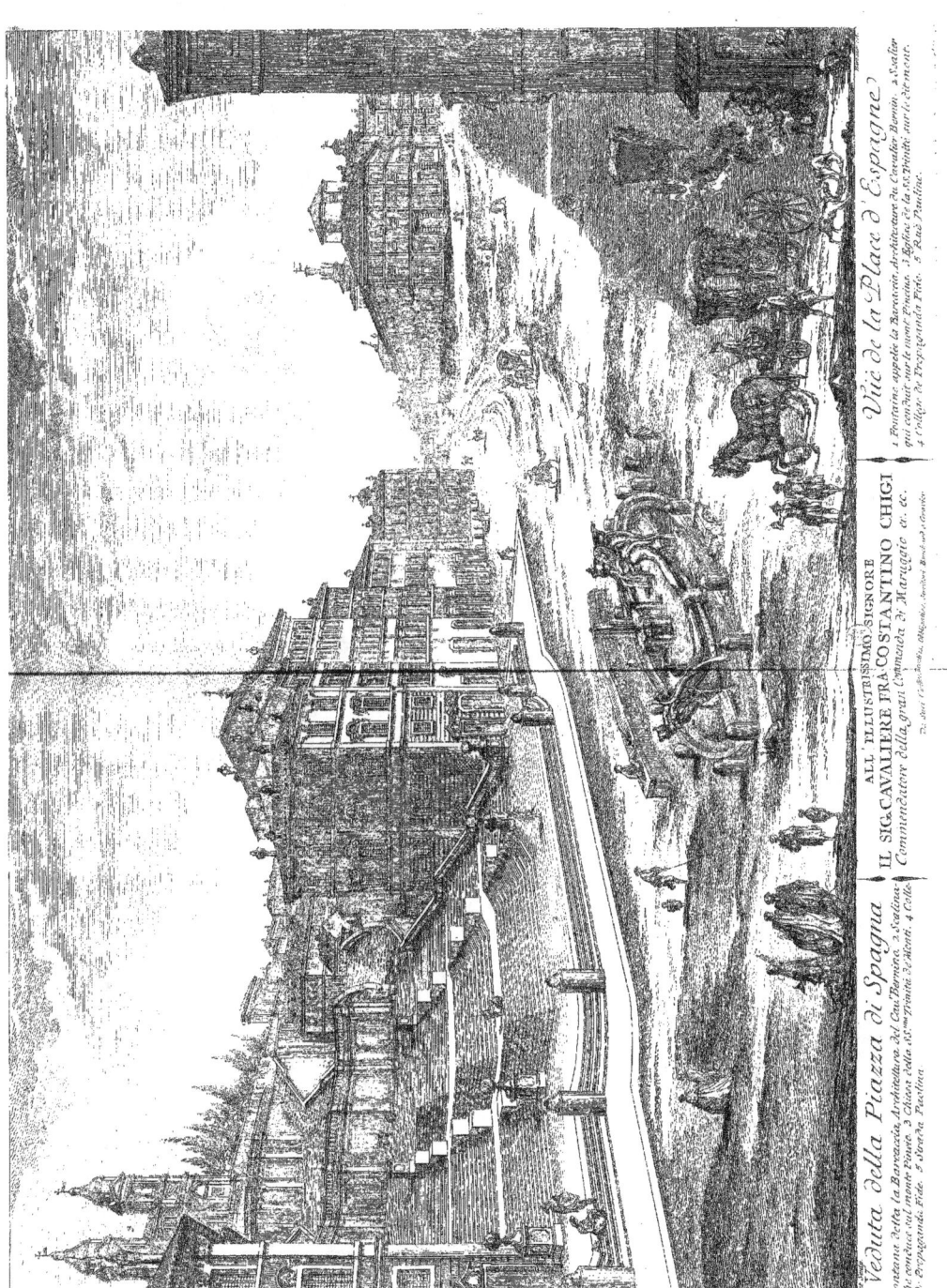

Veduta della Piazza di Spagna

ALL ILLUSTRISSIMO SIGNORE
IL SIG. CAVALIERE FRA COSTANTINO CHIGI
Commendator della gran Commenda di Marugato e. e.

1 Fontana detta la Barcaccia, Architettura del Cav. Bernini. 2 Scalinata che conduce sul monte Pincio. 3 Chiesa della SS. Trinità de Monti. 4 Colegio di Propaganda Fide. 5 Strada Paolina.

Vüe de la Place d'Espagne

1 Fontaine appelée la Barcaccia, Architecture du Cavalier Bernin. 2 Scalier qui conduit sur le mont Pincius. 3 Eglise de la SS. Trinité sur le même mont. 4 Collège de Propaganda Fide. 5 Rüe Pauline.

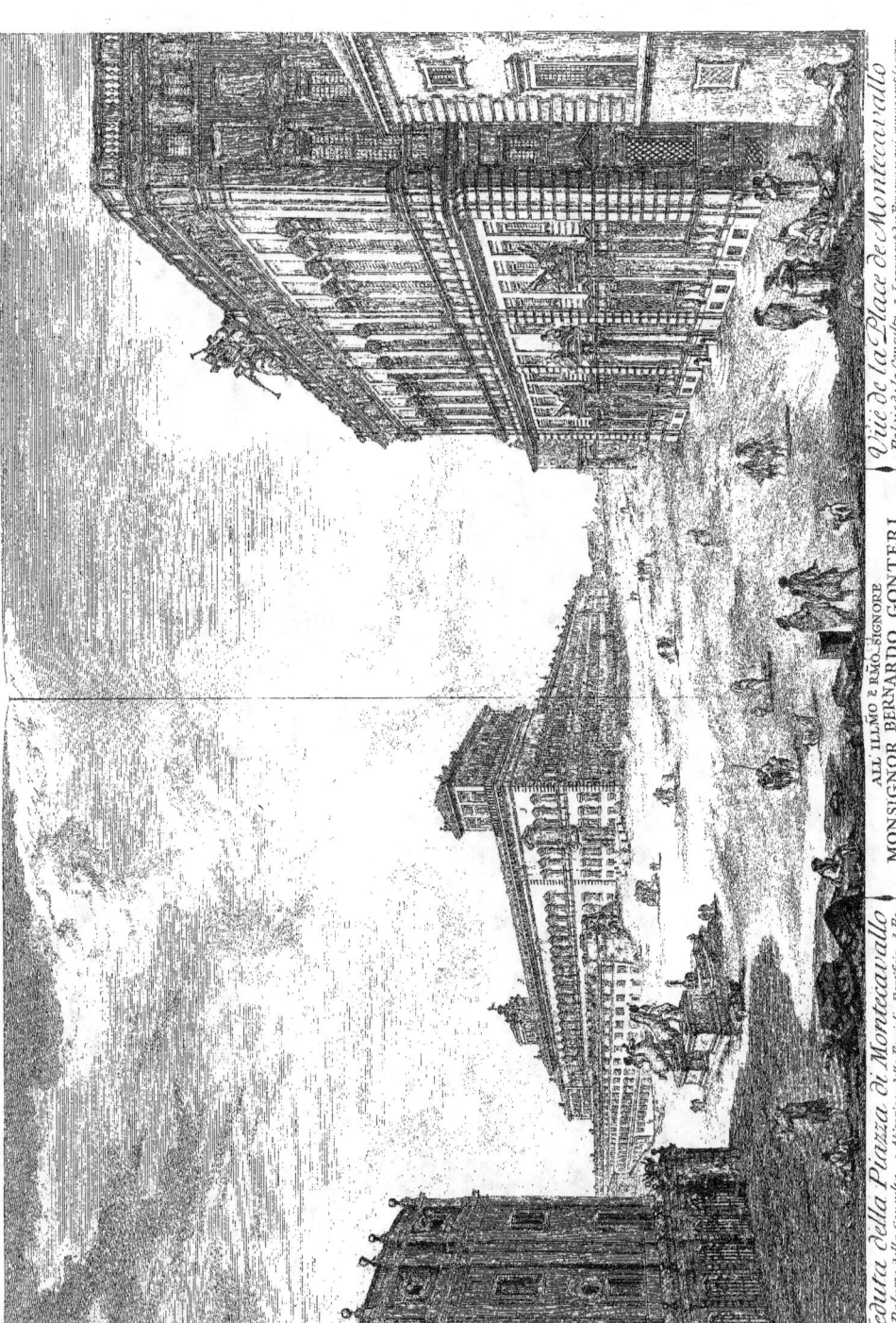

Veduta della Piazza di Montecavallo
1. Palazzo della Consulta. 2 Abitazione della Famiglia Pontificia. 3 Palazzo Pontificio sul Quirinale. 4 Torre della Guardia degli Svizzeri. 5 Corpo di Guardia. 6 Cavalli di marmo antichi di Scultura greca, i quali hanno il nome alla Piazza. 7 Strada di Porta Pia.

ALL'ILLMO E RMO. SIGNORE
MONSIGNOR BERNARDO GONTERI
Cameriere Secreto di Nostro Signore Papa CLEMENTE XIII.

Vuë de la Place de Montecavallo
1 Palais de la Consulte. 2 Logement des Personnes qui composent la cour du Pape. 3 Palais Neuf ou vieux Pontifical sur le mont Quirinal. 4 Tour de la garde des Suisses. 5 Corps de Garde. 6 Burée, e Burrée, e Chevaux de marbre antiques de Sculpture grecque, qui donnent le nom a la Place. 7 Ruë de Porta Pia.

MONTE CAVALLO.

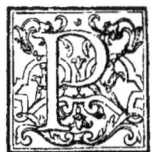AUL III. fit bâtir ce Palais fur le Mont Quirinal, où l'on refpire l'air le plus pur de Rome. C'eft le prémier des Souverains Pontifes, qui ait abandonné la réfidence du Vatican, que fon éloignement, étant fitué dans une des extremités de Rome, & les chaleurs excéffives de l'été, rendoient trop incommode pour la cour. On lui a donné le nom de Monte Cavallo à caufe des deux beaux chevaux qui ornent la place. Ils font de figure Coloffale dans l'attitude de fe cabrer, & retenus par deux hommes, qui d'un bras fort, & nerveux, femblent arrêter leur fougue. Ils font élevés fur des pieds d'eftaux au bas des quels on lit les noms de Phidias, & de Praxiteles, ce qui fait croire qu'ils font de la main de ces deux inimitables fculpteurs de l'antiquité; quoique tout le monde ne s'accorde pas fur ce point, non plus que fur ce que ces figures repréfentent : les uns voulant que ce foit Caftor & Pollux; & les autres que ce foit Alexandre domptant Bucéphale. Panvinius affure, qu'elles ont été apportées à Rome fous le régne de Conftantin le Grand, qui les fit placer dans fes bains, d'où Sixte V. les retira pour les mettre fur le Quirinal : d'autres prétendent au contraire, que Tiridates Roy d' Armenie en fit préfent à Neron.

Plufieurs Papes ont travaillé a l'embellifément de ce palais. Paul V. y ajoûta plufieurs appartemens, la chapelle, & la loge deftinée à donner la benédiction au Peuple. Aléxandre VII, l'augmenta encore confiderablement, par un vafte corps de logis, qui s'étend vers la porte Pie, & qui fert de logement à la famille Pontificale. Cette aîle eft remarquable per la longueur de fes corridors.

La cour du Palais, qui a 150 pas de long fur 75 de large, eft environnée de portiques. Dans le fond & en perfpective fe préfentent d'abord aux yeux deux loges, l'une fuperieure, & l'autre inférieure, avec une belle peinture, en mofaïque, d'après l'original de Charles Maratte, repréfentant la S. Vierge avec l'Enfant Jefus donnant la benédiction : un horloge placé au deffus couronne cette façade.

On monte aux appartemens par deux efcaliers differends, dont l'un fait en Limaçon eft pratiqué fous les loges, & l'autre dans le côté droit du portique a deux branches, l'une conduifant à la grande fale, & à la chapelle, qui fut faite fur le deffein de Charles Maderne, & l'autre dans deux autres fales, dont la premiere eft deftinée pour le confiftoire public, & les congrégations ; on paffe de la dans les appartemens, dans les galeries ornées de peintures, & à la chapelle privée, qui eft en forme de croix grécque. Cet efcalier répond à un Jardin d'un mille de circuit entouré de hautes & fortes murailles, qui jointes au palais forment une île parfaite. Ce lieu eft des plus agréables, tant par la beauté

té de ſes alées, & la quantité de ſes eaux, que par divers autres ornemens, dont l'embellit Clement VIII., tels qu'une ſuperbe tribune, où
l'on voit une partie de l'ancien teſtament en moſaïque, & une très bonne orgue, qui joüe par le moyen des eaux.

De l'autre côté de la place, en face du palais ſont les écuries à deux
étages. La premiere à rez de chauſſée peut contenir 40. chevaux: la ſeconde, où l'on monte par un eſcalier à deux branches en rampe douce,
eſt faite pour 86. Les palefreniers ont leur logement dans le haut de cet
édifice, à côté du quel on voit un beau corps de garde, pour la garde
à pied. Le Palais du tribunal, & des officiers de la conſulte achéve
d'embellir cette place. Il fut élevé aux dépens de Clement XII. La façade principale, que l'on voit dans la planche, ſe diſtribue en trois grandes portes: celle du milieu conduit à un noble, & ſuperbe eſcalier à deux
branches, garni de baluſtrades de pierre, par où l'on monte aux appartemens: & elle introduit auſſi dans une vaſte cour, d'où l'on découvre
la belle diſpoſition de l'eſcalier, & toutes les faces du palais. Les deux
autres portes, qui ſont aux côtés, ſervent de corps de garde, l'une pour
les Chevaux légers, l'autre pour les cuiraſſiers. Une grande corniche,
couronnée d'une baluſtrade, avec un parapet, dans le milieu du quel ſont
placées, les armes de Clement XII., terminent la façade principale. L'intérieur de ce palais répond parfaitement à la magnificence du dehors.

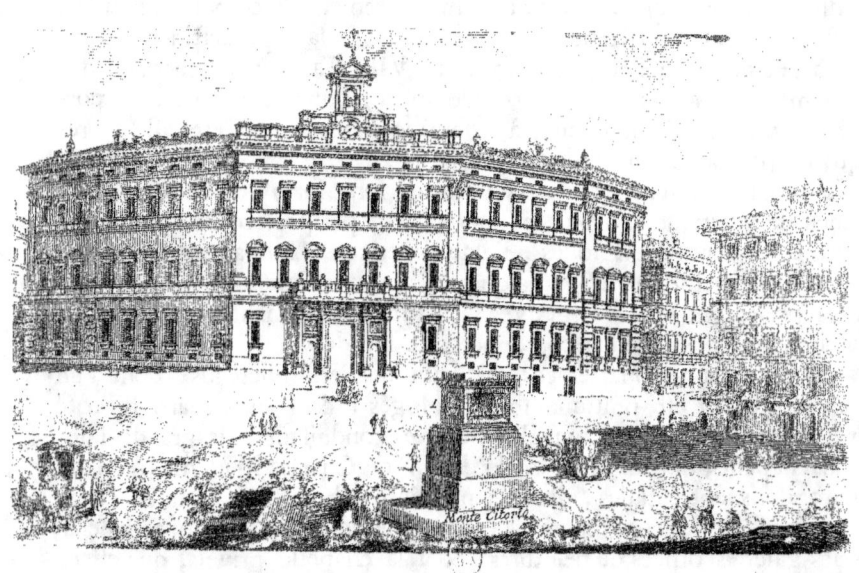

PALAIS

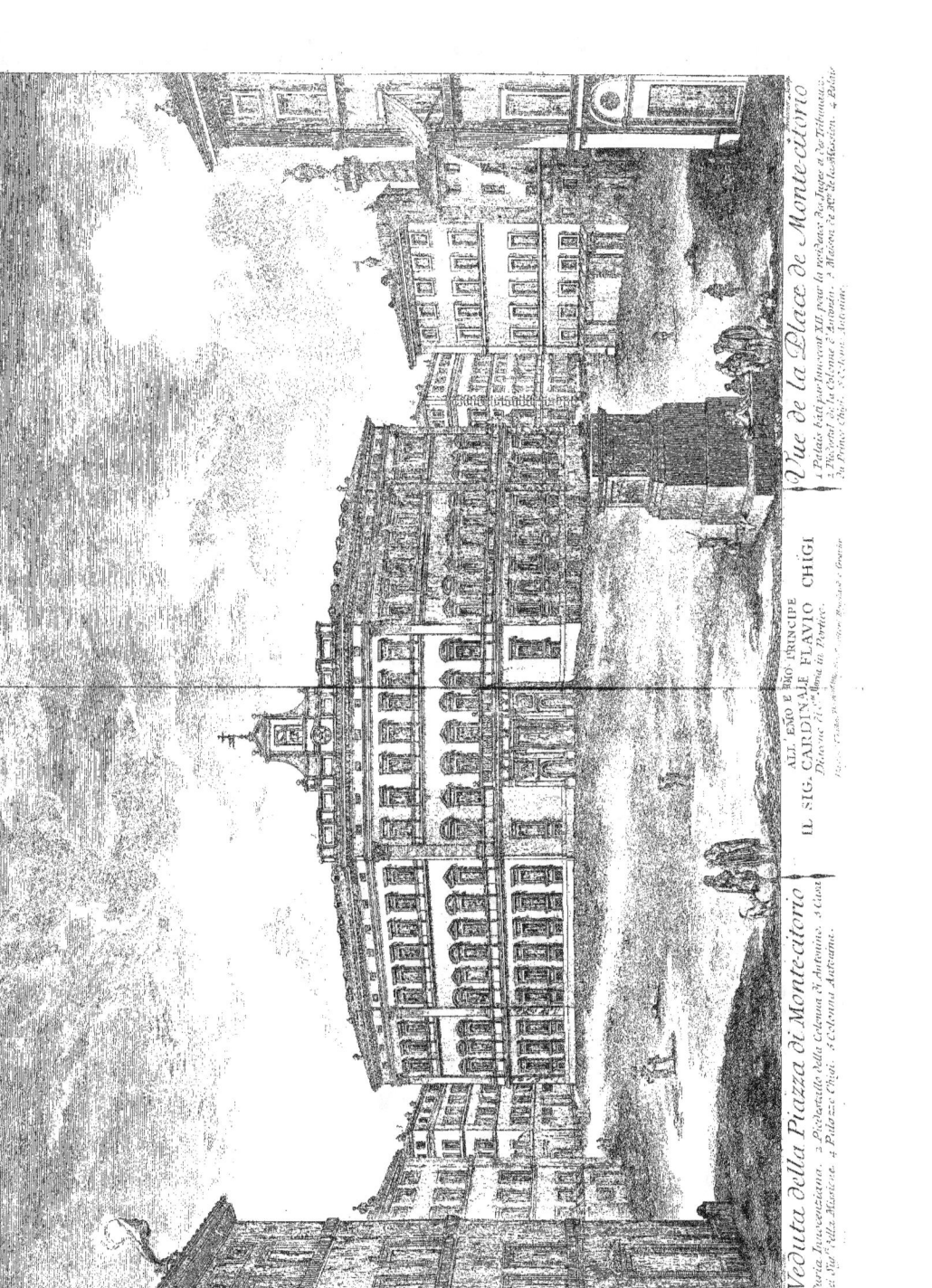

Veduta della Piazza di Monte-citorio

ALL' EMO E RMO PRINCIPE
IL SIG. CARDINALE FLAVIO CHIGI

Vue de la Place de Monte-citorio

PALAIS DE MONTECITORIO ET SA PLACE.

C'Est de cet endroit que les Tribuns citoient autrefois le Peuple Romain, pour se rendre au Champ de Mars, & procéder à l'élection des Magistrats. Les Seigneurs de la maison Ludovisi, commencerent sous Innocent X. à y élever un superbe palais sur un dessein du Chevalier Bernin, mais n'ayant pû, ou voulu le finir, Innocent XII. en acheta le terrein, & les materieaux, fit continuer l'édifice, que les soins du Chevalier Fontana mirent bientot à fin, & y fixa les tribunaux de la justice. La cour de ce Palais a la figure d'un théatre, elle est embellie d'une belle Fontaine. Trois grandes portes ornent la façade. Une magnifique terrasse, avec un balcon couronnent l'édifice, au dessus du quel on a élevé un bel horloge, avec une grosse cloche, qui sert à donner le signal pour l'heure des audiences. Clement XII. embellit la place, en lui donnant quelque regularité : elle est du dessein du Chevalier Fuga ; toutes les maisons y sont d'égale hauteur, & d'une architecture agréable. Dans le milieu se voit un piedestal, fait autrefois à l'occasion de l'apothéose d'Antonin, & de Faustine sa femme, que Benoit XIV. a fait élever pour porter une colonne de granit rouge de 67. palme de hauteur, & de 25. de circonference couchée dans une des cours du palais que l'on vient de décrire.

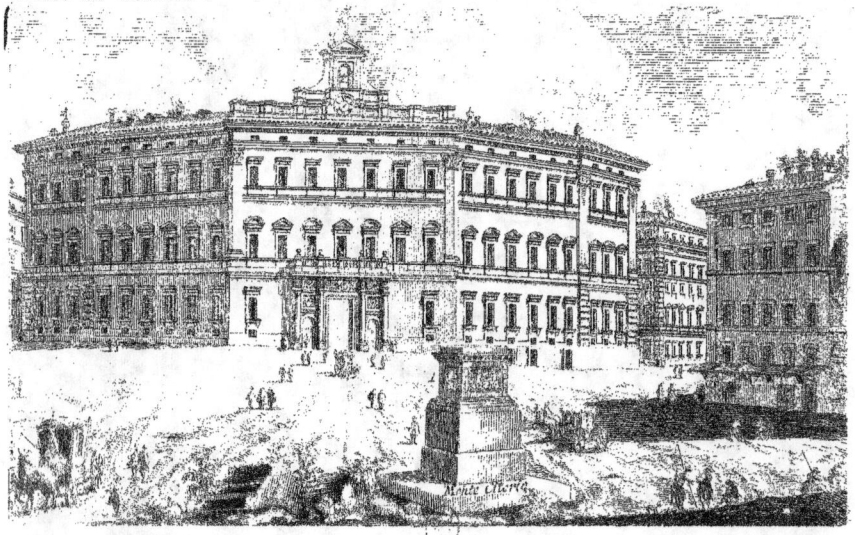

V   LE

LE CAPITOLE.

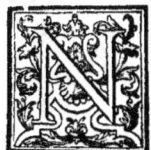Ous ne pretendons pas faire ici une defcription exacte de l'ancien Capitole, tel qu'il étoit fous les Confuls , & les Empereurs . Nous nous contenterons d'en dire feulement un mot pour ceux qui n'ont aucune idée de ce mont célébre, ou qui n'en ont entendu parler que confufément . Il doit fon nom à une tête d'homme que l'on trouva en creufant les fondements du temple de Jupiter , commencé fous le régne de Tarquin l'ancien , & fini fous celui de Tarquin le fuperbe . C'étoit le lieu de retraite des premiers Romains , & leur principale fortereffe , quoique le mont ne fut pas entierement fortifié , & qu'il n'y eut que la roche Tarpeïene revêtue de murailles , ainfi que l'a fort bien prouvé Mr. Piranefi dans fon livre des antiquités Romaines , dans le quel il éclaircit le paffage de Corneille Tacite , qui a donné lieu à quelques écrivains de penfer le contraire , cequi d'ailleurs eft conforme à l'autorité de Tite Live , & de plufieurs autres hiftoriens , qui ont très clairement diftingué le Capitole d'avec la fortereffe. Les Romains en avoient fait le receptacle de prefque toutes leurs divinités principales. On y voyoit les temples de Jupiter Feretrien, de Jupiter Tonnant, ceux de Junon , de Venus , de la Concorde &c. mais celui de Jupiter Capitolin l'emportoit infiniment fur tous les autres ; & par la beauté de l'édifice, & par les richeffes dont il étoit rempli. L'on pretend qu'il avoit 770 pieds de tour, & 200 de large . Sa principale façade , formée de portiques très fomptueux , foutenus de colonnes à trois rangs fur le devant, & à deux fur les côtés , étoit tournée vers le midy. On y montoit par un fuperbe efcalier, dont on ne fçait plus au jufte le nombre des marches .

L'interieur du Temple renfermoit la Statüe de Jupiter affis , tenant la foudre d'une main , & la lance de l'autre. Cette ftatüe fut de différentes matiéres, felon la diverfité des tems, d'abord de bois , & puis de pierre ; mais on prétend que depuis Sylla elle fut toujours d'or. Le refte de fes richeffes confiftoit en une infinité de ftatües de marbre, & de metal, en boucliers, étendarts, depoüilles remportées fur les ennemis , trophées, étoffes fuperbes, or travaillé & en maffe, offert par les Triomphateurs, les Magiftrats , le Sénat, les Empereurs , les Rois & les nations étrangéres. Entre les plus belles ftatües on diftinguoit celle de la Victoire de grandeur plus qu'humaine, & toute d'or maffif . Le pavé étoit orné de figures , & le toit étoit de bronze doré. Les Gots, au rapport d'Oroze , détruifirent de fond en comble ce fuperbe Monument . On ne doit pas oublier le lieu facré, nommé l'azile, qui étoit un petit temple, bâti dans le milieu d'un bofquet, dont Romulus avoit fait un endroit de franchife pour tous les criminels qui voudroient s'y retirer, & cela dans le deffein de peupler fa nouvelle Ville . Voila donc la naiffan-

ce,

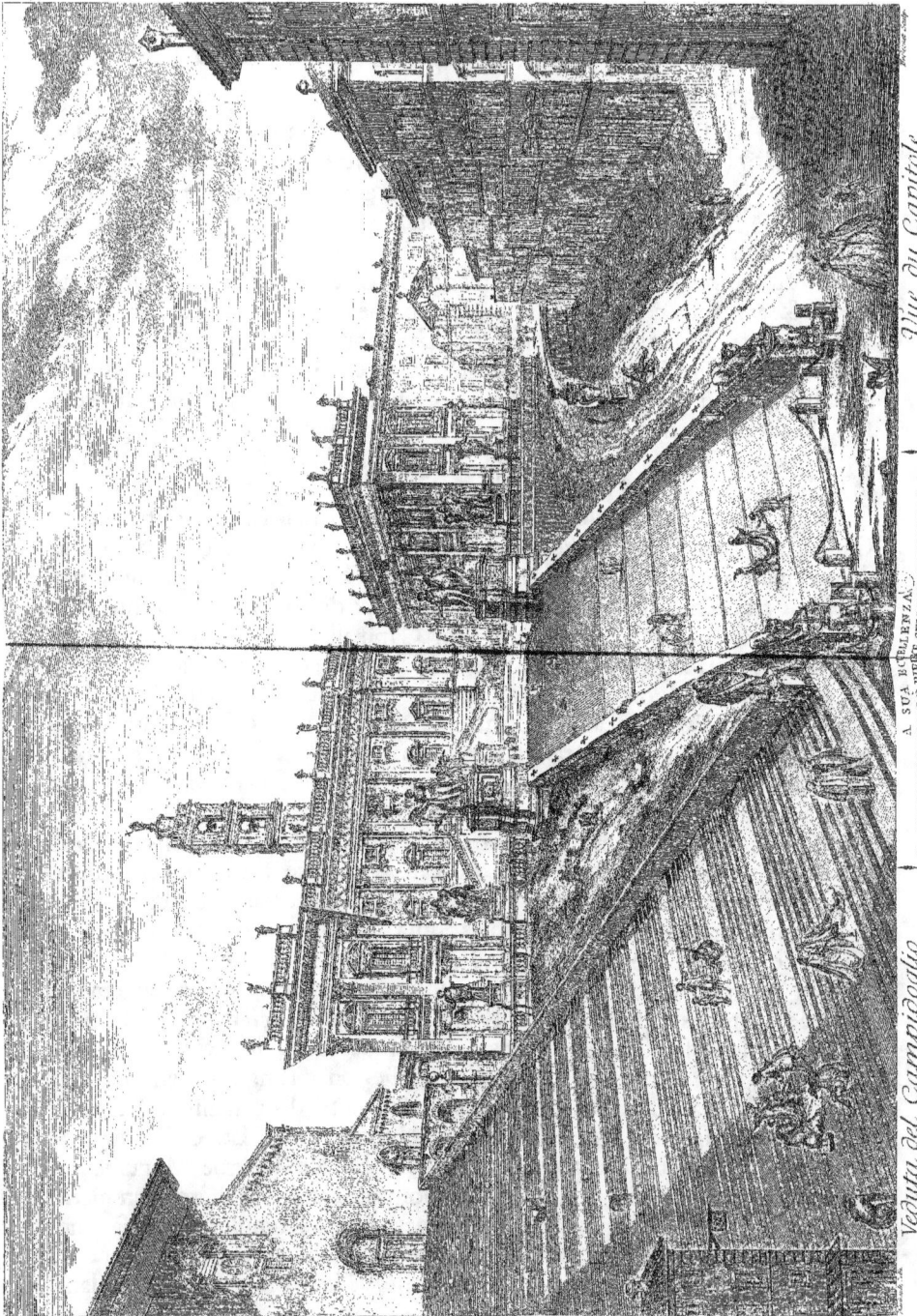

Veduta del Campidoglio

A SUA ECCELLENZA
IL SIG. CONTE NICOLO BIELKE SENATORE DI ROMA e c.

Chiesa d'Araceli. 2 Palazzo ove si conserva il Museo. 3 Palazzo ove abita
il Senatore. N.P. ma. 4 Palazzo de' Conservatori. 5 Palazzo Caffarelli.

Vue du Capitole

1 Eglise d'Araceli. 2 Palais ou l'on conserve le Cabinet d'Antiques. 3 Palais
ou loge le Gouverneur de Rome. 4 Palais des Conservateurs. 5 Palais Caffarelli.

ce , & comme le berceau de cette ville la Maîtreſſe de l'Univers; & c'eſt à de tels ancétres que doivent leur origine ces fiers conquerans, qui venoient avec tant de pompe recevoir au Capitole le prix de leurs Victoires .

La façade du Capitole moderne , quoi que de très bonne architecture, eſt bien éloignée de la magnificence de l'ancien: elle eſt düe à Paul III. , qui ſe ſervit de Michel-Ange pour faire cet ouvrage.

On montoit au premier par la partie expoſée au midi : mais le Peuple Romain ayant paſsé depuis du côté oppoſé , l'on a fait la façade du Capitole moderne , tournée du côté du ſeptentrion .

On y monte aujourd'hui par un vaſte eſcalier de brique en pente douce , avec des cordons de pierre , orné dans le bas de deux Lionnes de marbre d'Egypte , jetant de l'eau par la gueule , & qu'on prétent avoir été tirées des bains de Marcus Agrippa . A côté d'une de ces lionnes , eſt le tronc d'une ſtatüe ancienne de porphyre , que l'on croit repréſenter la ville de Rome , dont la draperie eſt fort eſtimée . L'éſcalier eſt couronné d'une baluſtrade qui prent toute la longueur de la place , ſur la quelle on a placés Caſtor & Pollux avec leurs chevaux , de figure coloſſale , trouvés ſous le pontificat de Pie IV. A côté de chacun de ces coloſſes ſont élevés les trophées attribuès à Marius , placés là par ordre de Sixte V, & ſur la même ligne à droite , & à gauche les ſtatües des fils de Conſtantin , trouvées dans les thermes de cet Empereur , ſur le mont Quirinal . A l'extrémité de la baluſtrade , & ſur le haut d'une colonne , on voit une boule de métal de Corinthe , que l'on dit avoir renfermé les cendres de Trajan ; à l'oppoſite l'on apperçoit la Colonne Milliaire , tirée de la voye Appia , & qui ſervoit autrefois à marquer le premier mille , & ſur la quelle on voit encore le numero . On entre de là dans une vaſte cour quarrée ſur la quelle ſont face les trois Palais du Capitole , qui ſont d'une très belle architecture & d'une façade uniforme , terminée par des baluſtrades ſur les quelles ſont placées de diſtance en diſtance de belles figures antiques; au milieu de la Place on voit la belle ſtatüe Equeſtre de Marc-Aurelle en bronze .

Le Palais du milieu ſert de logement au Senateur de Rome . On y monte par un double eſcalier découvert dont les parapets , & les baluſtres ſont de pierre . Au deſſous eſt une fontaine eſtimée , avec trois belles figures , dont l'une de porphyre repréſente la Ville de Rome , & les deux autres le Nil & le Tibre . Dans la ſale du tribunal ſont les ſtatües de Charles d'Anjou , Roy de Naples , de Paul III. & de Gregoire XIII, qui éleva la tour du palais , & y plaça les deux groſſes cloches , qu'on ſonne pour indiquer les heures des audiences & des aſſemblées .

En ſortant de celui cy vers la main gauche , on entre dans le palais des Conſervateurs. Sous le portique de la cour , on trouve les ſtatües de Jules Ceſar , portant en main le globe du monde , & celle d'Auguſte avec une proüe de navire à ſes pieds , que l'on croit avoir été faite à l'occaſion

X

de

de la bataille d'Actium. Dans le fond de la cour, en face fous un autre portique, on voit placée dans une grande niche la ftatüe de Rome affife, avec des bas-reliefs, qui repréfentent la Dace fubjuguée. A fes côtés font quatre autres ftatües de marbre egiptien, deux de Rois captifs à gauche, & deux d'Idoles Egiptiennes à droite.

Dans la même cour font repandus plufieurs fragmens d'un Coloffe de marbre, qu'éleva Neron au devant de fa maifon d'or: la tête & une des mains du coloffe de l'Empereur Commode, de metâl; un Cheval dévoré par un Lion, & différentes mefures des anciens, gravées fur des pierres de marbre, appliquées aux murs. Au bas de l'efcalier on voit la fameufe colonne roftrale, qui fut élevée pour trophée au Conful Duillius, le premier des Romains, qui gagna une bataille navale fur les Cartaginois. En montant la rampe on trouve deux ftatües de grandeur naturelle, qui font deux mufes, & quatre excellens bas-reliefs.

Dans la Sale, où font peints à frefque quelques morceaux de l'hiftoire Romaine, on voit les ftatües de Leon X, & d'Urbain VIII, en marbre, & celle de Sixte V. en metal, avec les buftes de Chriftine Reine de Suéde, & de la Reine de Pologne, femme de Jean III.

Dans la premiere chambre font peintes à frefque plufieurs actions héroïques des anciens Romains, elle eft auffi ornée tout au tour des ftatües en marbre, d'Alexandre Farnefe, de Marc Antoine Colonne, de Charles Barberini, de François Aldobrandi, & de Thomas Rufpigliofi, guerriers célébres dans le Siécles derniers.

Sur la frife de la feconde font peints les faits de Marius: On voit la Louve, qui allaite les deux jumeaux Rémus & Remulus en bronze, avec la ftatüe d'un jeune homme, dans l'attitude de fe tirer une épine du pied, piéce très eftimée: le portrait de Brutus premier Conful Romain, la ftatüe de Camille & autres raretés.

La troifiéme chambre contient plufieurs fragmens de faftes Confulaires; une tête de Mitridate Roy de Pont; une petite ftatüe en habit de Veftale, qu'on croit être Rhéa Silvia, & une ftatüe de Diane à trois faces.

On entre dans la quatriéme, appellée la Chambre de l'audience. Elle renferme d'excellens buftes, de Sapho, de Médufe, de Socrate, d'Ariane, d'un jeune Appollon en marbre gris de la main de Michel Ange & de maniére Grecque, avec la tête de bronze de Sabine Poppée, feconde femme de Neron; celle de Scipion, & de Ulpius Trajan Conful, & un très beau tableau de Jules Romain, éléve de Raphael.

Dans la cinquiéme, outre plufieurs morceaux de fculpture ancienne, entre les quels, on admire les buftes d'Appius Claudius, dit l'aveugle, un Hercule de bronze doré, & une ftatüe de Ciceron en habit confulaire; on y voit encore les différents poids, & mefures des anciens Romains, on eftime beaucoup la peintnre à frefque de fes frifes, repréfentant les actions de Scipion, que l'on croit être du fameux Annibal Carrache.

Et

Et dans la sixiéme enfin, enrichie par Benoit XIV. d'une superbe gallerie des meilleurs tableaux, & qui sert aujourd'huy d'accademie aux peintres, on trouve les statües de Cybele, & de Cérés, avec le passage des
Alpes par Annibal, peint sur les frises.

Le troisiéme Palais, qui fait face à celui cy, & qui est, comme
nous l'avons déja observé, d'une architecture uniforme, fut enrichi par
Clement XII. d'une gallerie, où l'on voit d'excellens morceaux de sculpture, en bustes, en statües, & en bas-reliefs, avec une grande quantité
de Monumens antiques, dans les quels on reconnoit la magnificence, &
le goût des anciens Romains pour les beaux arts.

Dans la cour, est placée la célébre statüe de *Marforio*, de grandeur gigantesque, servant d'ornement à la fontaine avec les satyres, qui
sont aux côtés. On voit sous le portique deux grandes Idoles Egiptiennes, dont l'une est de granit rouge oriental, avec plusieurs autres statües de Déesses, & une urne de marbre blanc, bien historiée en bas-reliefs, dans la quelle avoient été renfermées les cendres d'Alexandre
Severe, & celles de sa mére. Vis-à-vis de l'escalier est placée la statüe
de Pyrrhus, à droit & à gauche celles de Jupiter fulminant, & de l'Empereur Adrien, en habit de sacrificateur; & une colonne de marbre oriental, fort précieuse.

Dans une chambre à plein pied de terre, l'on trouve plusieurs autres statües de marbre noir, & de sculpture Egiptienne, trouvées à Ti-
voli dans les ruines de la maison de plaisance de l'Empereur Adrien,
avec nombre d'autres figures également venües d'Egipte.

Sur les murs de l'escalier on voit quelques fragments du plan de
l'ancienne Rome, en pierre. Les deux figures qui se font face sur la
pause, sont Junon & Faustine l'ancienne, au dessous de la quelle est écrit
le mot *pudicitia*. Eloge bien flateur pour cette Princesse, & qui mérite de passer à la postérité la plus reculée. Dans le haut, à côté de la
porte qui conduit aux chambres, on trouve un grand Lion de marbre
blanc, & sur le frontispice de la même porte, un buste fort estimé.

On entre par une autre porte, fermée d'une grille de fer, bien tra-
vaillée, aux côtés de la quelle sont placées deux belles colonnes de
marbre ondoyé, dans une galerie, ornée avec simétrie de douze quadres,
contenant 187 inscriptions, qui concernent le tombeau de Livie, femme
d'Auguste. On y voit aussi une tête de Scipion l'Affriquain, celle de
Maximin, une Muse, une Pallas, & une femme qui sort du bain, mais
vetüe décemment.

Au dessus de la grande porte, qui est dans le fond de la gallerie,
& qui conduit à la salle, est placée une très bonne tête, & aux côtés
deux statües de marbre noir antique, & fort rare, dont l'une est de Jupiter armé de la foudre, & l'autre Esculape avec un serpent. Leurs pié-
destaux sont ornés d'excellents bas-reliefs. Dans une niche voisine est *Dia-
na Lucifera*, & tout près une statüe assise dans une chaire curule, po-

sée fur un autel enrichi de bas-reliefs & de feftons de chêne avec des bandes volantes. Trois autres ftatües avec leurs piédeftaux garniffent trois fauffes portes : la premiere eft une femme inconnue, la feconde une Idole Egiptienne de marbre, & la troifiéme un grand bufte de Trajan, avec l'armure, & une couronne de chêne fur la tête. La Statüe qui fuit eft digne de remarque par fa beaute finguliére ; c'eft Agrippine femme de Germanicus. On voit immediatement après un bufte d'Antonin le Pieux, un Apollon avec fa lire, une Idole d'Égipte, un autre bufte, qui paroit être de Trajan, une ftatüe de Cérés, affife, placée fur un autel, orné de bas-reliefs, deux figures couchées fur des lits de repos & deux Mufes.

Dans la chambre, qui eft à main droite, en entrant dans la gallerie, on voit 152 infcriptions antiques, avec ces deux mots : *Tituli fepulcrales*, qui defignent ce a quoi elles fervoient. Sur trois gradins de marbre, qui contournent la chambre, font diftribuées 82 figures, buftes ou têtes de Dieux, Déeffes, Empereurs avec leurs familles, & autres perfonnages célèbres de l'antiquité. Dans le milieu eft placée une très belle ftatüe de marbre rouge antique, qui repréfente un Faune, portant une grappe de raifin dans la main avec une peau de chévre fur l'épaule : & trois petites ftatües de bronze doré unies enfemble, defignant la Diane à trois faces, elles font pofées fur un piédeftal de marbre précieux, & tournent fur un pivot.

La porte qui conduit dans la grande Sale, eft admirable pour fes ornemens, & fur tout par deux colonnes de marbre jaune antique, dont elle eft flanquée. Celle cy eft magnifique par la quantité, & la beauté des morceaux rares, & précieux qu'elle contient. Elle eft contournée de pilaftres, entre les quels on a ménagé avec ordre nombre de portes, avec leurs ornemens, dont quelques unes font réelles, & les autres feintes. 26. ftatües excellentes pofées fur des piédeftaux proportionés, & rangés dans une belle fimétrie, font diftribuées autour de la Sale. Dans un des côtés, celles de Clement XII, de Marius en habit de Conful, d'Augufte nud, de Lucile tenant un flambeau allumé dans une main, des pavots, & des épics dans l'autre ; d'Antinoüs, d'Appollon nud, avec un cigne à fes pieds, & celle d'une femme Augufte, Vétüe, & couverte d'un voile.

D'un autre côté l'on voit les fix fuivantes. Ifis, Ptolomée nud, MarcAurelle, en habit militaire, une vieille femme, qu'on croit être une de ces pleureufes loüées pour affifter aux funérailles, une Minerve couverte de l'égide, le cafque en tête, la pique dans une main, & le bouclier dans l'autre : on préfume que la fixiéme eft la Déeffe de la fanté, à caufe d'un ferpent qu'elle porte dans la main droite, qui eft le fimbole de la medecine, & une taffe dans la gauche.

Dans un autre ordre font placées celles d'Innocent X. en bronze, de la main de l'Algardi, faifant face à celle de Clement XII, & la Déeffe Flore.

La

La façade voifine préfente les ftatües de la Déeffe de la Clemence, tenant une taffe dans la main droite, & une pique dans la gauche. Viennent enfuite deux Faunes, une Leda qui embraffe Jupiter fous la forme d'un cigne, Ptolomée Roy d'Egipte fous la ftatüe d'Appollon, armé d'un arc & de fléches, une Amazone, montrant la bleffure qu'elle a reçue dans le fein; une Diane en habit retroufé, Junon avec le Diadéme en tête, elle tient une flute dans une de fes mains, & un mafque dans l'autre, un Jeune chaffeur nud, qu'on prétend être Endimion, & qui a un chien à fes pieds, porte un cor de chaffe dans la droite, & une pique à la gauche. Tout ce magnifique appareil de ftatües eft terminé par celle de Junon, avec le fceptre à la main.

Dans la partie fupérieure, font diftribués tout au tour 36. buftes inconnus, & ce ne font pas les ornemens les moins précieux de cette magnifique Sale, au milieu de la quelle on a placé cinq ftatües. Les deux premieres repréfentent d'abord Arpocrate Dieu du filence, avec un Gladiateur qui tombe mort, & d'un autre côté, on voit Antinoüs d'une fculpture grecque inimitable, avec un fecond Gladiateur prêt à expirer. Ces deux morceaux font l'admiration de tous les connoiffeurs. Dans le centre de ces quatre ftatües eft portée une Idole Egiptienne de marbre blanc.

On paffe de là dans une piéce qu'on nomme la chambre des Philofophes, parce qu'elle eft remplie de leurs buftes, de ceux d'entre les Orateurs & les Poëtes, les plus fameux de l'antiquité; on les a diftribués à l'entour fur deux dégrés de marbre blanc, qui la contournent en entier; ils font au nombre de 122., avec les noms de ceux qui font connus. La ftatüe de Zenon qui eft d'une beauté finguliere, mérite de fixer l'oeil du curieux: elle eft pofée fur un piedeftal riche & bien travaillé, & repréfente ce philofophe couvert d'un fimple drap, & portant en fa main un papier déployé. Des bas-reliefs d'un goût excellent embelliffent encore cette chambre, d'où l'on paffe dans une autre, ornée de même, elle renferme les buftes des Empereurs, diftribués dans le même ordre que dans la chambre contiguë, fur deux dégrés de marbre blanc, qui en font le tour.

Les deux chambres qui nous reftent à parcourir, & qu'on trouve à main gauche de la Sale en entrant, font extrèmement curieufes à voir, pour les antiquités qu'elles renferment. Les murs de la premiere font enrichis de pierres antiques, difpofées par claffes, felon l'ordre de la chronologie, chacune de ces pierres a fon tître au deffus. On lit à main droite en y entrant, *facra & facrorum Miniftri*; cette claffe contient dix huit de ces pierres: 20 autres font rangées fous la feconde, avec cette infcription: *Præfecti urbis & milites*; & ainfi des autres: mais ce qu'il y a de plus remarquable, c'eft la fameufe table de bronze enfermée dans un quadre de beau marbre, fur la quelle fût gravée la Loy Royale des an-

Z   ciens.

ciens . Quoique les ſtatües qui ſont dans cette chambre ſoient toutes bonnes, on diſtinguera cependant ſans peine, un **Appollon** avec une lyre à la main, une **Bacchante** ivre, portant auſſi un flacon en main : un enfant d'une ſculpture excellente, aſſis ſur un bloc de marbre dans l'attitude de mettre le maſque d'un Sylvain barbu : un **Hercule** combattant l'hydre, & cherchant à bruler ſes ſept têtes avec un flambeau ; une **Agrippine** aſſiſe, d'une drapperie finie, & les deux ſtatües de **Caron**, & de **Bibine** frere & ſoeur, dans l'attitude de s'embraſſer. Ces morceaux ſont tous excellents.

Les murs de la derniére chambre ſont ornés, comme la précédente de ces pierres antiques, avec leurs bordures, au nombre de 122, qui toutes peuvent amuſer les perſonnes verſées dans l'hiſtoire ancienne, & fournir matiére à de ſavantes diſſertations : on y trouve encore quantité de vaſes, & d'urnes cinéraires, avec de beaux bas-reliefs emblématiques, qui rendent quelques traits de la fable.

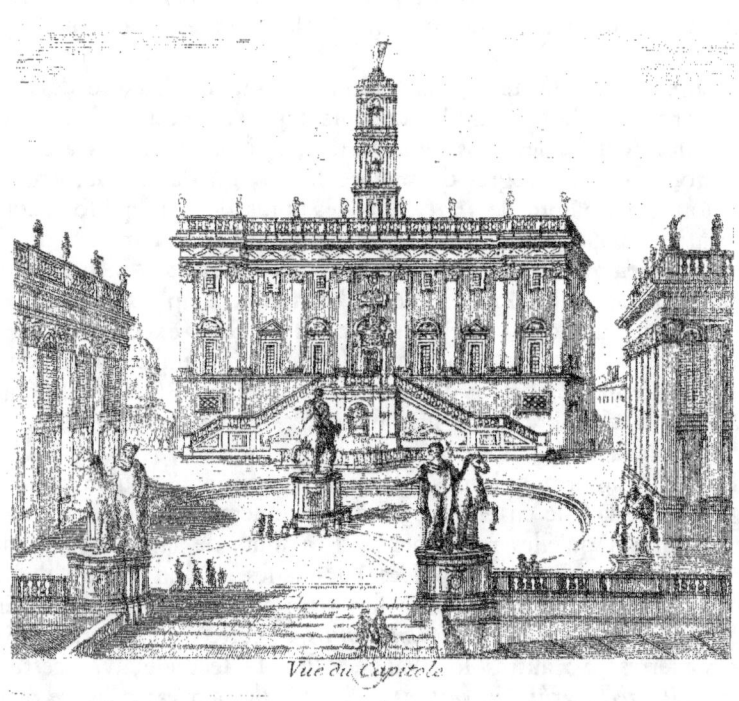

Vuë du Capitole

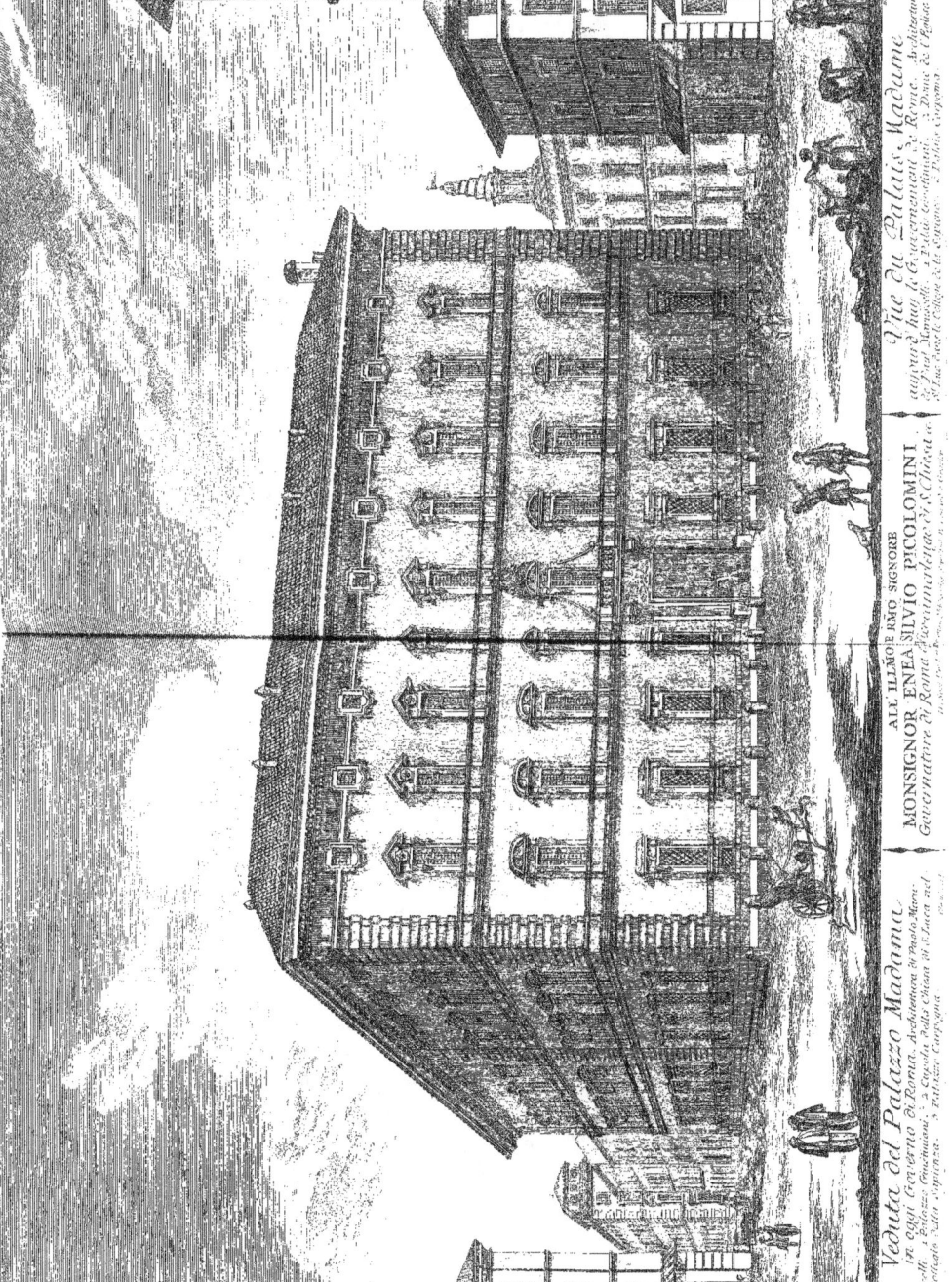

Veduta del Palazzo Madama.

In Oggi Governo di Roma, Architettura di Paolo Maru-
colli. 1 Palazzo Cerchiani. 2 Cupola della Chiesa di S. Luca ed.
Collegio della Sapienza. 3 Publico Corp_yone.

ALL' ILLMO E RMO SIGNORE

MONSIGNOR ENEA SILVIO PICCOLOMINI

Governatore di Roma Luogotenente di S. Chiesa ec.

Vûe du Palais Madame.

aujourd' huy le Gouvernement de Rome. Architecture
de Paul Marucelli. 1 Palais Cerchiani. 2 Dome de l'Eglise de
S. Luc et le Collège de la Sapience. 3 Palais Corgonna.

LE PALAIS MADAME
AUJOURD'HUI
LE GOUVERNEMENT.

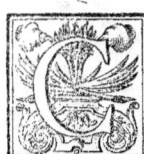

E Palais eſt bâti ſur les ruines des thermes de Neron, que les Antiquaires aſſurent avoir été les plus célébres de Rome. La petite Egliſe de S. Sauveur, qui lui eſt attenante, & qu'on appelloit autrefois, S. Jacques aux thermes en peut ſervir de preuve. Le nom de Palais Madame, qu'on lui donne vient de la reſidence qu'une Princeſſe Imperiale y fit pendant pluſieurs années. Il fût encore habité dans la ſuite par Catherine de Medicis, à qui il appartenoit en qualité d'unique héritiere de Laurens de Medicis. Cette Princeſſe avoit fixé ſon ſéjour à Rome bien long tems avant de paſſer en France, & ce fût ce qui l'engagea à le faire réparer, & mettre dans l'état où nous le voyons aujourd'huy. L'architecture eſt de Paul Maruſcelli, & dans ſa noble ſimplicité, l'on reconnoit le bon goût des Princes de cette maiſon.

Le Pape Benoit XIV en a fait l'acquiſition pour la Chambre Apoſtolique, & y a transféré le Gouvernement.

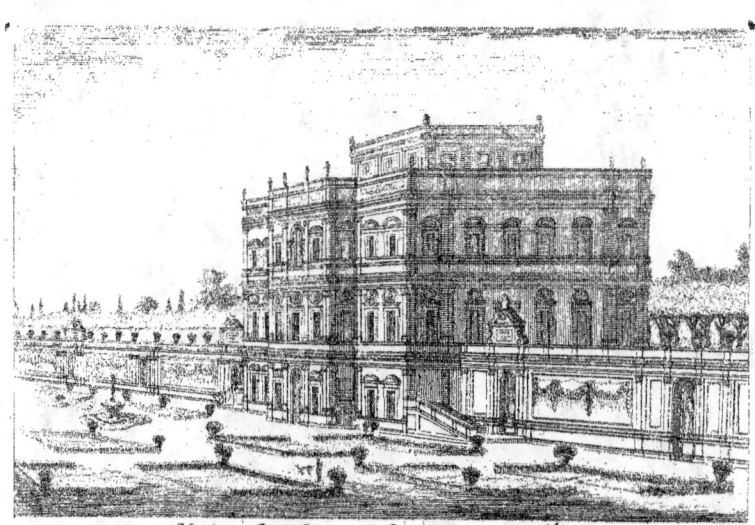

Maiſon de Plaiſance du Prince Panfili.

LE PALAIS BORGHESE.

L y a peu de maifons Royales, qui renferment autant de chofes rares & précieufes, & en auffi grande quantité que celle cy . Mettons en quelques unes fous les yeux du lecteur, afin qu'il puiffe juger par cette légére efquiffe , de ce que le plan que nous nous fommes propofés ne nous permet pas de détailler .

Le Palais Borghefe fe fait remarquer par fa vafte étendue , & par la nobleffe & le goût de fon architecture , qui n'eft point trop chargée d'ornemens, mais qui fait certainement honneur à Martin Longi l'ancien , & à Flaminius Pontius . La principale façade, & la cour qui répondent fur la ruë des conduits, font du premier ; le refte qui s'etend jufqu'au fleuve, ainfi que la loge qui donne fur le Port, a été éxécuté par le fecond.

Les appartemens fe communiquent par le moyen de deux galeries qui coupent la cour du jardin . Celle du palais eft environné de portiques magnifiques à deux étages, foutenus par cent colonnes de granit d'ordre dorique , & jonien ; quelques ftatües fervent encore à les embellir ; on y voit , entre autres , celles de julie, de Fauftine , & d'une Amazone . Le jardin , quoique petit , eft très agréable par la quantité de ftatües , qui y font mélées avec les vafes deftinés à porter les orangers , les citroniers &c. Les ftucs qui fervent d'ornemens aux fontaines , & l'abondance de fes eaux .

L'efcalier eft en limaçon & fort commode ; l'appartement d'été, qui eft au rez de chauffée, eft admirable, non moins par le nombre de fes chambres , que par la quantité prodigieufe d'éxcellens tableaux qu' on y a raffemblés , & dont on fait monter le nombre à dix fept cents . Nous parlerons icy de quelques uns des plus remarquables .

L'on voit dans la premiere piéce deux petits, tableaux ovales, l'un de Jefus Chrift , l'autre de la Vierge, de Raphaël d'Urbin .

Dans la feconde un S. François de Jacques Bronfin , deux Vierges de Raphaël , S. Cecile du Corrége, le bain de Diane du Dominiquain , avec une table de porphyre , & un vafe de même eftimé 50 mille écus .

Dans la troifiéme , une S. Catherine , & le Cardinal Borgia avec Machiavel, de Raphaël : la femme adultére avec la céne de nôtre Seigneur du Titien ; Uliffe & Poliphéme du Chevalier Lanfranc , & une table de jafpe oriental eftimée 60 mille livres .

On trouve dans la quatriéme chambre les quatre faifons de l'Albani, ce fameux Chrift en Croix de Michel Ange , le portrait de Raphaël fait par Jules Romain , & celui du Bramante .

Dans celle de l'audience, on voit celui d'un maître d'école , ou d'un Prétre de la main du Titien, l'Amour prophane , & l'Amour Divin,

peintu-

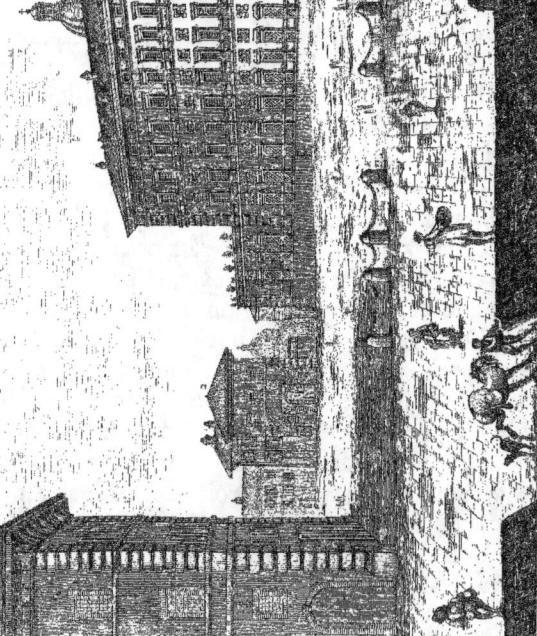

Veduta del Palazzo Borghese

A SUA ECCELLENZA
IL SIG. DON MARC-ANTONIO BORGHESE
Principe di Sulmona, Rossano, ecc. ecc.

Vüe du Palais Borghese

peinture tout a fait singuliére du même, ainsi que le portrait du Luther, & les trois graces. Deux têtes du Corrége; la Peinture & l'Architecture personnifiées, par Michel Ange; le Bourguignon avec toute sa famille, par lui même, & deux tables de marbre oriental.

Sur la porte de la sixiéme se voyent deux Venus du Titien, & dans un autre endroit la fameuse Psiché, la leda de Leonard de Vinci, & une baccannale de belles femmes par Lavinia Fontana.

La Galerie est parfaitement bien dorée, & ornée par tout de stucs, & de bas-reliefs. On y admire deux fontaines d'albâtre oriental, avec deux petites tables de même. Huit miroirs enrichis de figures par Ciro Ferri, & de fleurs par Stanchi. Les têtes des douze Cesars en porphyre, avec leurs bustes d'albâtre couleur de coing, & quatre Consuls de même.

Dans une autre piéce se voyent encore quantité de très belles peintures en petit; huit beaux desseins de Raphaël, & de Jules Romain, la Ville Borghese peinte par le Tempesta, & le curieux portrait en mosaïque de Paul V. fait par Jacques Provençal, dont le visage seul renferme un million; & sept cent mille pierres.

Le Cabinet d'assemblée est peint à fresque par Jean François Boulognois, & a pour ornement une belle table d'albâtre couleur de coing: on passe de là sur un magnifique balcon, d'où l'on jouit de la perspective du fleuve.

L'appartement d'été de la Princesse est de la même richesse, soit pour les peintures ou les ameublemens, dans une des piéces se voit une baccannale de Guide Reni, quelques païsages de Paul Brilli, un Christ en croix de Jules Romain, avec un dessein de Raphaël.

Dans celle de l'audience deux fontaines d'albâtre; S. Jean par Raphaël, S. Antonin par Paul Veronése, & le portrait du Titien avec sa maîtresse par lui meme.

Dans une troisiéme, une Vierge de Raphaël, qui est la plus belle de cet auteur, & la meilleure qui soit à Rome: une autre Vierge du Titien, un S. Jean de la main du Bronsini, regardé comme une piéce très précieuse: l'appartement, en un mot contient trois cent tableaux de Raphaël, & du Titien, & est estimé dix millions.

L'on compte dans ce palais jusqu'à soixante & douze portes de noyer, avec leurs jambages d'albâtre couleur de coing, un escalier derobé conduit aux entresols, qui sont peints à fresque en partie par le Tempesta: l'on y voit aussi les beaux païsages du Poussin, & les figures de Ciro Ferri, & de Pierre de Cortone.

Un frére Capucin a peint à fresque l'appartement noble, qui est celui de dessus. L'enlevement des Sabines, & la Reine de Sabba allant visiter Salomon, sont les deux meilleurs morceaux. Les peintures des plafonds sont aussi du meme. Il a peint également l'appartement du Prince, & les connoisseurs y trouvent de quoi se satisfaire, mais ils sont enchantés sur tout d'une chambre toute du dessein de Paul Verone-

rone-

ronese, estimée seule deux cent milles livres. Ceux qui tiennent pour les raretés, & les ameublemens ont également de quoi contenter leur curiosité, dans ce riche reduit, où l'on voit, entre-autres, un cabinet d'ébène avec des bas-reliefs en or & en pierreries.

Pour ce qui est de la Chapelle, soit que l'on en envisage le bâtiment, ou que l'on s'attache à la magnificence de ses ornemens, l'on trouvera que tout répond parfaitement à tout ce qu'on vient de dire du Palais.

LE PALAIS FARNESE.

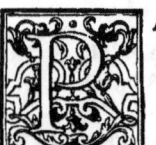 Aul III. n'étant encore que Cardinal, jettà les fondemens de ce palais, que les connoisseurs prétendent être le plus beau de Rome. Sa figure est un quarré long, & son architecture est digne en effet du Bramante, & de Michel Ange, qui l'ont bâti.

La place qui est au devant du Palais est une des plus réguliéres de Rome, & ornée de deux fontaines, chacune avec une grande conque de granit, qui servoit autre fois pour les bains des anciens. La premiere cour, que l'on trouve en entrant est ornée d'un Portique & d'une galerie avec des colonnes de granit, enrichi dans leur frise de plusieurs ornements de la main de Michel-Ange, & de differentes belles statües, entre les quelles l'Hercule de Glicon Athénien, tient le premier rang. Ce précieux morceau de sculpture grécque ayant été mutilé, jacques la Porte entreprit de restituer les jambes qui lui manquoient, & y reussit si parfaitement, que les anciennes ayant été retrouvées, Michel Ange donna la préférence aux modernes, & ne voulut pas les changer. Qu'il est beau de voir de ces fameux maîtres rendre ainsi justice aux ouvrages de leurs rivaux! On y voit aussi une statüe de Flore dont on prise fort la draperie, un gladiateur portant un enfant sur l'épaule gauche, mais on la croit ajoutée ainsi que la tête, qu'on dit représenter celle de l'Empereur Commode. Il y a encore une autre Hercule, une autre Flore & un Faune. Ces trois dernieres statües sont cependant inferieures aux trois premiéres. Aux pieds du second Hercule est placée l'urne de pierre, qui renfermoit les cendres de Metella, tirée de son sépulchre sur la voye Appia, ainsi que nous l'avons dit en son lieu.

On voit sous le portique qui conduit à la seconde cour, deux grandes statües, l'une est de Cesar & l'autre de la Fortune, avec les deux têtes Colossales de Vespasien, & d'Antonin le Pieux. Un réduit fait exprés dans un coin de cette cour, renferme un morceau de sculpture bien admirable, qu'on appelle le *Taureau*. C'est un grouppe de figures, de grandeur naturelle, toutes d'un seul bloc de marbre. Les plus sçavans antiquaires le donnent à Appollonius, & à Taurisque sculpteurs célébres

de

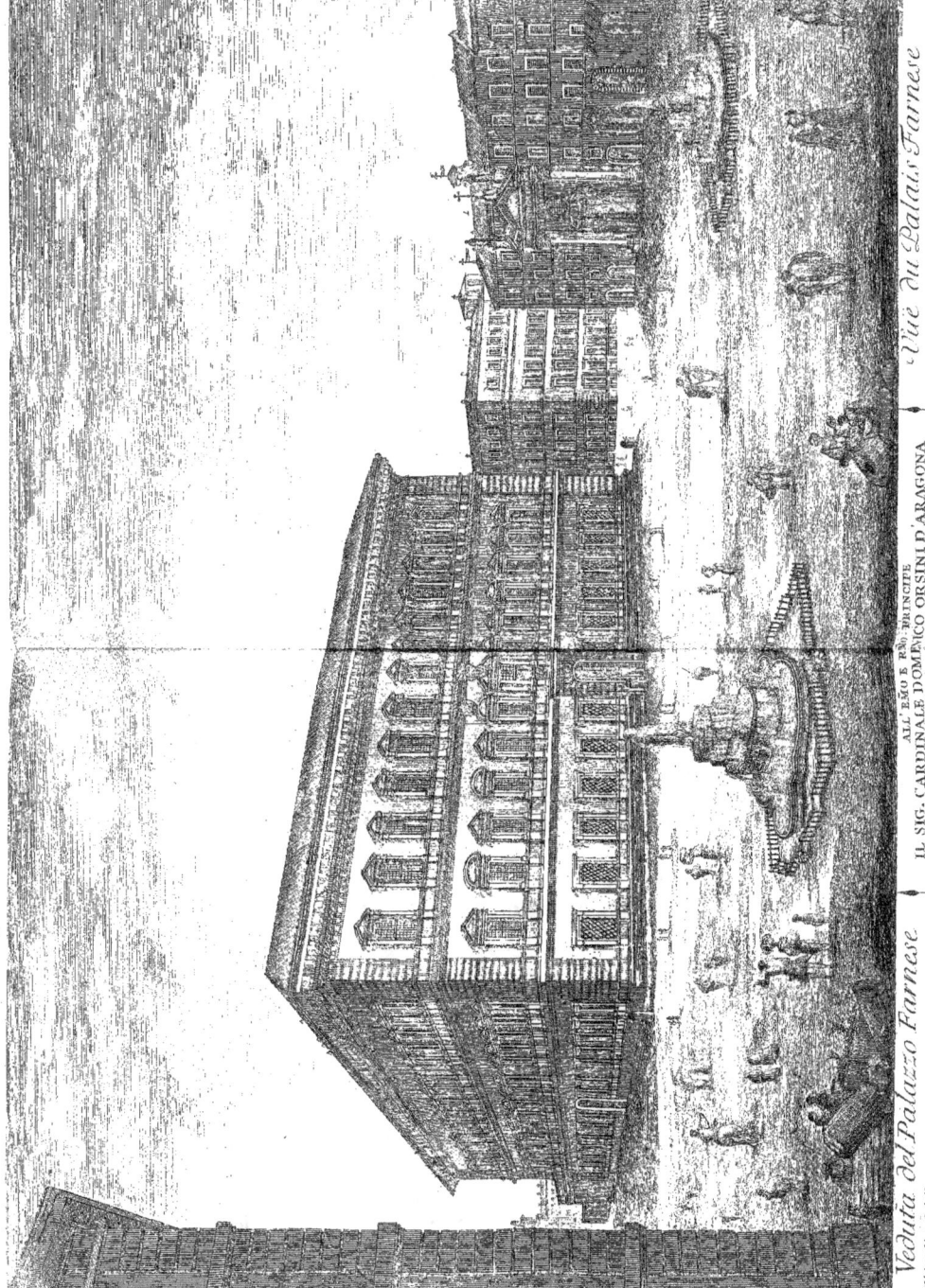

Veduta del Palazzo Farnese

Vuë du Palais Farnese

ALL' E.MO E R.MO PRINCIPE
IL SIG. CARDINALE DOMENICO ORSINI D'ARAGONA

1 Chiesa di S. Brigida   1 Eglise de Sainte Brigitte

Piranesi Scolp.

de l'antiquité. Il repréfente la malheureufe Dircée, que les enfans de Li-
cus Roy de Thébes attachent par les cheveux aux cornes d'un Taureau
furieux, pour vanger Antiope leur mére, des mépris & des froideurs,
qu'elle éffuyoit à fon occafion, de la part de fon époux. Ce Grouppe,
fut enlévé de Rhodes, & porté à Rome, pour y être placé dans les bains
de Caracalla, où il fut trouvé fous le Pontificat de Paul III., ainfi que
quelques autres fragmens de ftatües, que l'on voit dans ce même endroit,
avec la figure d'Augufte à cheval, très bien confervée.

Sur l'efcalier, qui conduit aux appartements font placées deux ftatües, repréfentant chacune un fleuve, avec une troifiéme placée dans
le milieu, qui eft un enfant porté fur un Dauphin. Avant d'entrer dans
la Sale on en trouve deux autres, que l'on dit de la main de celui qui
fit la Colonne Trajane : ce font deux efclaves barbares. En entrant dans
la Sale fe préfente d'abord la belle ftatüe d'Alexandre Farnefe, couronnée par la victoire, & foulant aux pieds quelques figures, qui défignent
les Païs-bas qu'il a foumis ; aux côtés, on voit une ftatüe d'Appollon,
une autre de Niobé, quatre Gladiateurs, la Paix & l'Abondance par
Guillaume de la Porte, & dix huit buftes en marbre, & en bronze.

Les belles peintures qui font au deffus de la porte du balcon de
l'antichambre, font de François Salviati, les autres font de Thadée, de
Frederic Zucheri, & de Georges Vafari. Daniel de Voltere a peint la
plus part des frifes des chambres : on voit dans la feptiéme onze buftes
de perfonnages anciens, dont la plus part repréfentent des Empereurs,
parmi les quels eft celui de Caracalla, dont les antiquaires font grand
cas : deux de Paul III., dont l'un a été fait par Guillaume de la Porte, &
l'autre par Michel Ange ; une petite figure fort jolie de Méléagre de
marbre rouge, & enfin un excellent bas-relief ancien, qui repréfente la
fépulture de Siléne & de Bachus.

Le Cabinet eft peint à frefque, & à huile par le Carache, qui y a
traité divers fujets de la fable. Dans la chambre à côté fe voit une belle ftatüe de pierre de touche, qu'on dit être la veftale qui porta dans
un crible de l'eau du fleuve jufque dans le temple. L'on trouve difperfés
dans les autres piéces, un Atlas, deux Faunes en marbre, trois Venus de
meme, Mercure & Camille en bronze, quantité de buftes de perfonnages
de l'antiquité, avec quelques Empereurs, partie en marbre, partie en
bronze ; & une table de feize palmes de longueur d'excellentes pierres
orientales, avec leurs piedeftaux de marbre blanc, ornés de fculpture
de la main de Michel Ange.

Le Dominiquain, & le Carache travaillerent enfemble à peindre
la galerie : quelques fujets de la fable, qu'on y voit traités, leur font
communs ; mais le tableau de la jeune fille, qui embraffe la Licorne, eft
tout du prémier. Outre ces belles peintures, elle eft encore enrichie de
cinq ftatües de fculpture grécque ; fçavoir Appollon de Bafalte, Mercure de marbre de Paros, Antinoüs, Ganiméde, & un Faune ; de feize

C c   têtes

têtes anciennes de *Philofophes*, ou de *Poëtes* Grecs & Latins , & enfin de fix buftes d'*Empereurs* , & de *Dames Romaines* , placés dans des niches .

PALAIS BARBERINI.

CE palais qui eft ifolé, eft le plus grand de Rome , fi l'on en excepte celui du Vatican; & l'on peut dire que le bon goût de fon architecture , répond parfaitement à la vafte étendue de l'édifice. Il a été perfectionné fur un deffein, & fous la direction du Chevalier Bernin . Ses appartemens font remplis de curiofités , & de richeffe; mais nous nous contenterons d'indiquer, à nôtre ordinaire, les morceaux des plus habiles maîtres.

Dans la prémiere piéce de l'appartement au rez-de-chauffée , fe voyent plufieurs portraits du Titien , & du Padoüan, parmi les quels on trouve celui de Raphaël, fait par lui même , celui du Cardinal Antoine par André Sacchi , & une Vierge dont on ignore l'auteur, mais qu'on croit être auffi de Raphaël.

La feconde piéce offre un modéle du fameux Cyclope du Carache, un fragment de mofaïque , enlevé de l'ancien temple de la fortune de Prenefte, qui repréfente Europe ; un enfant à frefque du Guide : & le portrait en terre d'Urbain VIII. , fait par un aveugle à qui il ne reftoit que la feule faculté du tact.

Dans la troifiéme on trouve la ftatüe en bronze de l'Empereur Severe, un célébre Narciffe de marbre, la Vierge de Charles Maratte, un Chrift mort, du Carache, un autre du Barroci , & le bufte de la Comteffe Matilde.

Dans la quatriéme on voit un miroir de criftal de roche, dans lequel eft renfermé un horloge où font gravés les fignes du zodiaque, une ftatüe de Venus, en marbre, Bacchus couché fur un fépulchre, la célébre Magdeleine du Guide; S. François, & la Pauvreté par André Sacchi, & S. Étienne du Carache.

La fuivante nous donne les ftatües de Marc-Auréle , de Diane Ephefénne , & le tableau de Jacob qui lutte contre l'Ange peint par le Caravage.

La ftatüe d'Agrippine, l'Idole de la fanté , avec un ferpent entrelaffé, quelques Apôtres de Charles Maratte, un facrifice de Diane , de Pierre de Cortone, & un Chrift mort de Hiacinte Brandi , ornent cette fixiéme piéce.

On trouve dans la feptiéme piéce, la ftatüe antique, & célébre, du Faune qui dort, & un efclave qui mange le bras d'un homme.

La Sale , qui fait la neuviéme piéce de cet appartement eft ornée de plufieurs peintures fur carton du Romanelli, & de Pierre de Cortone,

de

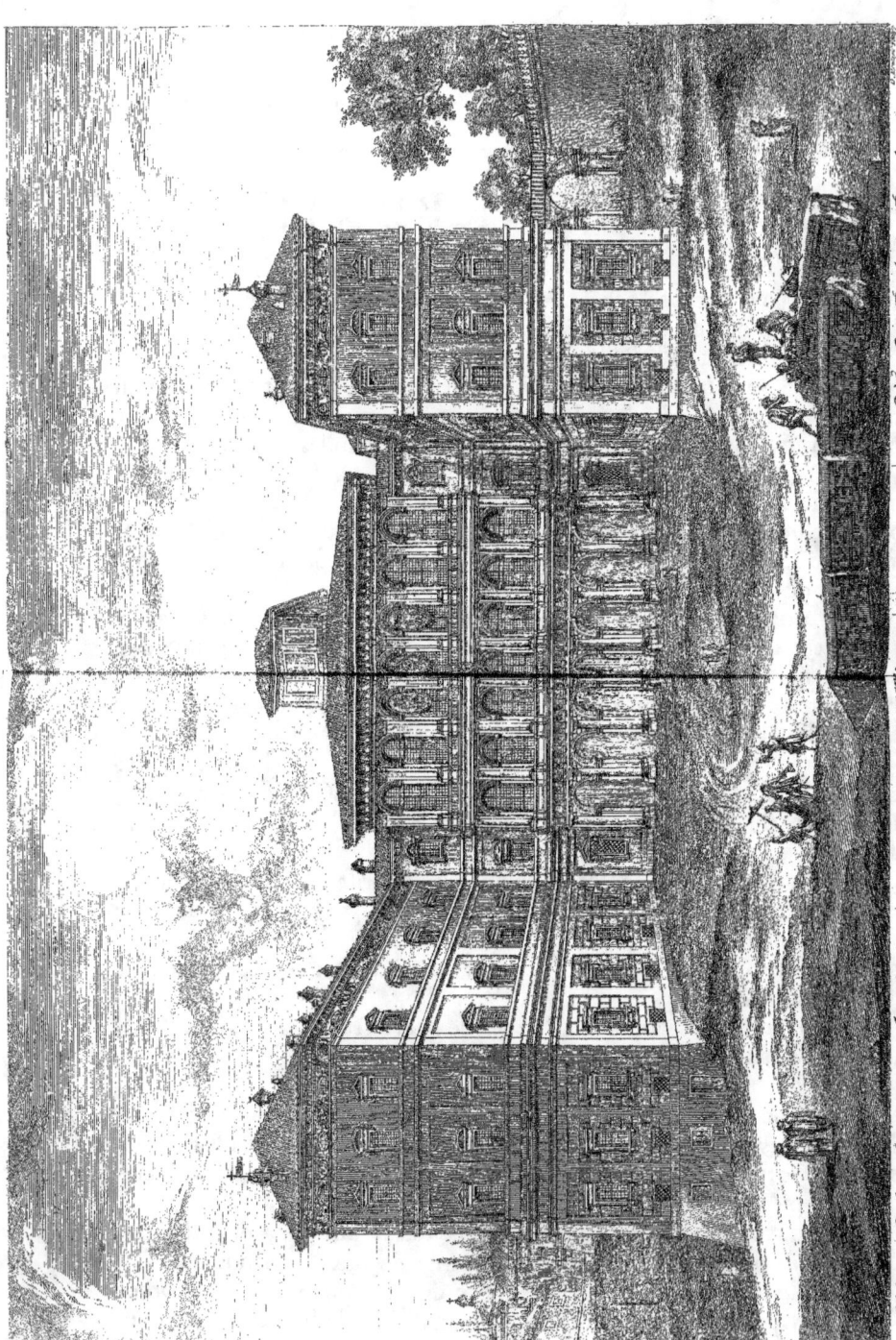

Veduta del Palazzo Barberini
Architettura del Cavalier Bernino
1 Obelisco Egiziaca ivi trasferito dal Circo d'Alessandro.

A SUA ECCELLENZA
IL SIG. DON GIULIO CESARE COLONNA BARBERINI
Principe di Palestrina, ec.ec.ec.

Vue du Palais Barberini
Architecture du Cavalier Bernin.
1 Obelisque Egyptien qu'on voit du Cirque d'Alexandre.

de deux grandes urnes de marbre grec avec des reliefs, & d'une très grande table de granit.

L'appartement du prémier, qui fait face à l'orient, renferme le S. Sebaſtien de Lanfranc, Lot, & le tableau de Nöé d'André Sacchi, un ſacrifice de Pierre de Cortone, le portrait du Cardinal Antoine par Charles Maratte, deux belles têtes, l'une de Jules Ceſar, & l'autre di Scipion l'Affriquain, une petite armoire ornée de très belles mignatures de Raphaël, le buſte d'Urbain VIII. en porphyre, avec la tête de bronze par le Bernin, & une Herodiade du Titien.

La chambre ovale préſente aux yeux des curieux une fontaine de cuivre, ſur la quelle on a poſé une Venus de bronze, quelques buſtes antiques des Ceſars, & deux armoires revêtues de Criſtaux, pleines de curioſités.

La grande Sale eſt extrêmement ſpatieuſe. Sa voûte eſt toute peinte à freſque de la main de Pierre de Cortone. Elle paſſe avec raiſon pour une des plus belles de Rome.

On trouve dans la prémiere antichambre de l'appartement d'hiver les ſtatües ſuivantes. Une Amazone dont la Draperie eſt fort eſtimée, une jeune fille dans l'attitude de courir, un Brutus avec ſes deux fils, & la Déeſſe Cérés, avec les têtes de Minerve, & de Plautine femme de Trajan; enfin parmi les tableaux, une Niobé du Camaſsée.

Il y a dans l'antichambre ſuivante, trois des plus grands tableaux que l'on voye dans les Palais de Rome : deux du Romanelli, dont l'un repréſente le feſtin des Dieux, & l'autre une Baccanale, avec l'hiſtoire de Bacchus & d'Ariane. Le troiſiéme, qui eſt une copie de l'original qu'on conſerve au Vatican, fait par Jules Romain, repréſente la défaite du Tiran Maxence par Conſtantin. On y voit auſſi deux buſtes rares de Marius, & de Sylla avec un Faune fort eſtimé.

Dans l'intérieur de l'appartement, qui eſt tout garni de tapiſſeries de Flandre, l'on trouve une belle tête d'Alexandre le Grand, une autre d'Antigonus, celles d'Adrien, & de Septime Sevére, une ſtatüe de Diane, dont le corps eſt d'agathe oriental, avec un très beau tableau du Titien, qui repréſente la Vierge.

Dans celui du Prince on admire un plafond ſur le quel eſt peinte la Sageſſe Divine, l'un des meilleurs ouvrages d'André Sacchi, une petite table avec huit chaiſes d'argent du deſſein de Pierre de Cortone; une belle armoire, faite d'ébéne, d'écailles de tortüe, & d'argent, avec des peintures du même auteur, & une autre grande armoire de paſtille de Portugal.

L'appartement qui ſuit eſt également orné de belles tapiſſeries, & de peintures excellentes, parmi les quelles on diſtingue deux tableaux du Baſſan, un autre de Luc Jourdan, le portrait de Jacques Roy d'Angleterre, à cheval, de Charles Maratte, & quelques autres d'André Sacchi.

D d   Celui

Celui de la Princeſſe eſt enrichi de tapiſſeries de brocard d'or , ſur leſ quelles on a figuré la guerre des Rois Cananéens contre les Iſraélites, & l'on y voit un lit & des chaiſes admirablement bien travaillées en broderie, relevée en boſſe, entremelée de corail.

L'appartement d'été du Prince renferme auſſi des peintures , & des ſtatües d'un prix ineſtimabile. La premiére piéce eſt ornée d'une belle fontaine à pluſieurs jets d'eau.

On voit dans la ſeconde deux Venus, l'une du Titien, l'autre de Paul Veronéſe, avec une femme qui joüe de la harpe , peinte par Lanfranc.

Il y a dans la troiſiéme , le portrait de la maîtreſſe de Raphaël, peinte par lui même, deux tableaux de Claude Lorrain, un enfant Jeſus avec S. Jean Baptiſte de Charles Maratte , & une Lucréce avec Sextus Tarquinius du Romanelli.

Les peintures de la quatriéme conſiſtent dans une Joüeuſe de luth, avec trois autres Joüeurs de cartes du Caravage, l'on y trouve encore une petite table de pierres rapportées, la plus belle qui ſoit dans Rome.

La cinquiéme offre, une Piété du Baroci, la Magdelaine du Titien, & une tête antique de Scipion l'Affriquain en marbré.

Dans la ſixiéme en voit, le baptéme de nôtre Seigneur d'André Sacchi, S. Grégoire du Guide, & Sainte Roſalie de Charles Maratte.

Une célébre Magdelaine du Guide, la Samaritaine du Carache, une Vierge de Raphaël, très eſtimée & trois ſtatües ; un Faune, un Sylvain, & une Vénus ſervent d'ornement à la ſeptiéme piéce.

On trouve dans la huitiéme un tableau de la mort de Germanicus, de la main du Pouſſin, avec une Vierge du Guide, peinte ſur le cuivre.

Si la beauté de tant de peintures , & de morceaux précieux de ſculpture, qui ſont répandus dans ce palais, véritablement digne d'un Roy, y attire une quantité de curieux, qui viennent des extrémités de l'Europe, pour admirer, & pour s'intruire ; ſa riche bibliothéque ne ſatisfait pas moins ceux qui cultivent les belles lettres. Elle eſt très-bien fournie en livres imprimés , ſans compter un bon nombre de manuſcrits tréſrares.

Il y a auſſi un cabinet de curioſités ; elles conſiſtent principalement dans une collection très compléte de medailles en bronze, & argent & encore, en quantité de Camées, gravures, metaux, pierres rares, & en pluſieurs petites ſtatües , également eſtimables par la richeſſe de la matiére, & l'excellence du travail.

PALAIS

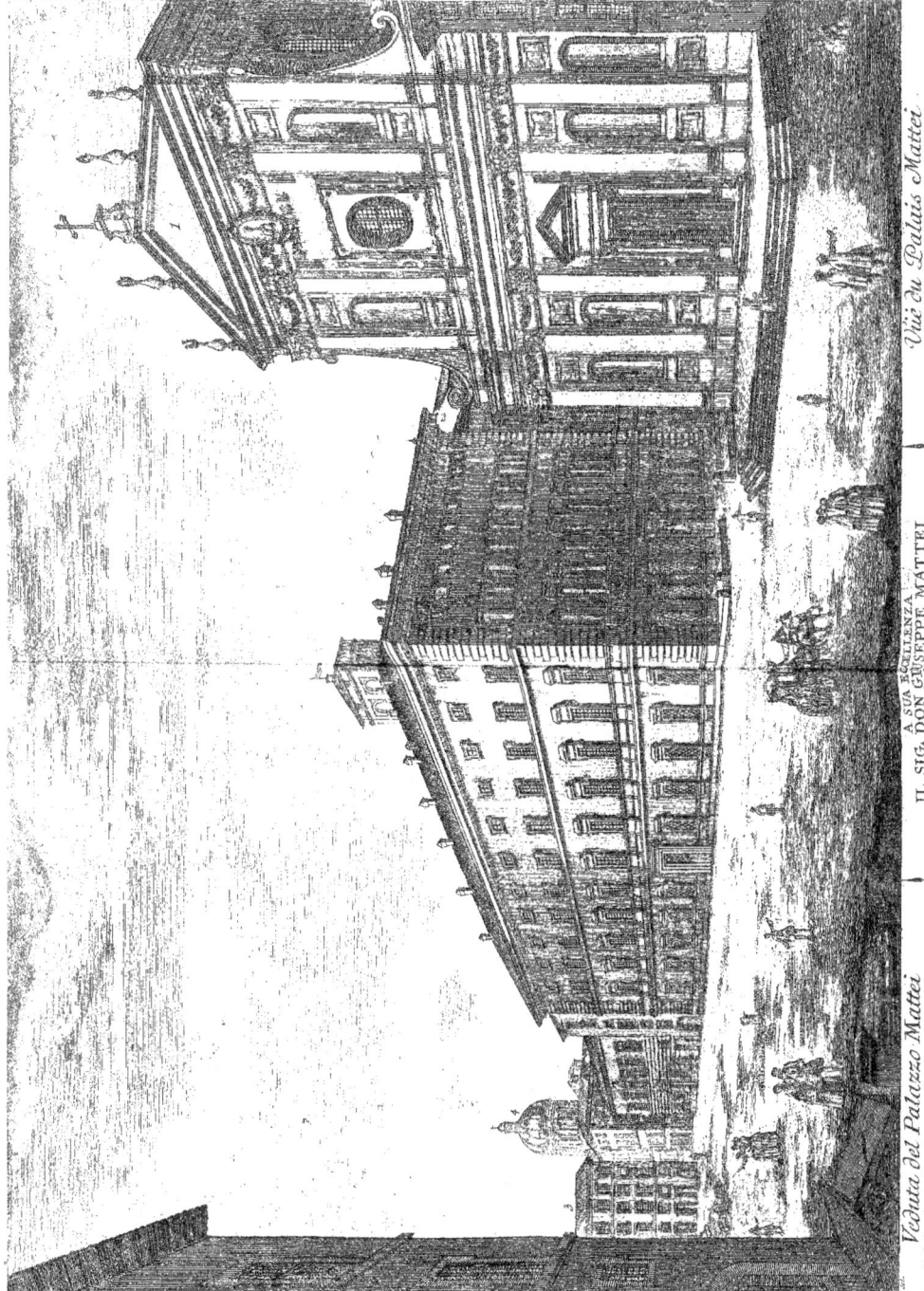

Veduta del Palazzo Mattei

Vüi du Palais Mattei

A SUA ECCELLENZA
IL SIG. DON GIUSEPPE MATTEI
Duca di Giove ec. ec.

PALAIS MATTEI.

IL occupe une partie du terrein de l'ancien cirque de Flaminius. Barthelemi Ammanati en a fait le deſſein, & la exécuté avec beaucoup de goût. Le Palais renferme nombre de bons morceaux de ſculpture. La cour, l'eſcalier, & les galeries en ſont toutes ornées. On y trouve les buſtes des prémiers Empereurs. Dans la cour ſe voyent les ſtatües de Jules Ceſar, de Claude, de Neron, de Caracalla, & quelques autres inconnües. Des bas-reliefs qui ſont incruſtés dans les murs, le prémier eſt un boeuf couronné pour le ſacrifice, le ſecond repréſente une troupe de Soldats Prétoriens mutinés,& fiers d'avoir porté l'Empereur qu'ils viennent d'élire dans le temple de Jupiter, que l'on apperçoit tout proche; un troiſiéme, la pompe d'Iſis. On trouve dans l'eſcalier la chaſſe de Commode contre des ours & des lions, les belles ſtatües de Pallas, de l'abondance, de Jupiter, & les trois chaiſes qui furent trouvées dans la Cour Oſtilia, deux des quelles ſont de marbre de Paros, & l'autre de baſalte, avec leurs couſſins.

Les voûtes des chambres ſont enrichies de très belles peintures à freſque de l'Albani, du Lanfranc, du Dominiquain, & d'autres éléves du Carache; il y en a une à l'huile de Raphaël, qui fait l'admiration des artiſtes. Ces peintures ſont accompagnées de quelques tableaux du Caravage, du Guide, & du Baſſan.

On trouve dans le veſtibule de la Sale, les bas-reliefs ſuivans. Les quatre ſaiſons, un priſonnier de guerre prêt à être ſacrifié, & le ſacrifice de la chévre autour d'une petite urne, piéces modernes, & d'une mediocre bonté, mais les ſuivantes ſont admirables, & de ſculpture grécque: un Appollon Pitien, une muſe, & le buſte d'Alexandre le Grand, ſans parler de quattre belles colonnes, deux des quelles ont des Corbeilles pour chapiteaux.

Les deux façades de la cour méritent auſſi qu'on y jette un coup d'oeil: elles préſentent la chaſſe de Méléagre, l'enlévement de Proſerpine en bas-reliefs; & les buſtes d'Adrien, d'Antonin le Pieux, de Marc-Aurele, de Lucius Verus, de Commode, de Sévere, d'Hercule, & de quelques autres perſonnages inconnus. A main droite au deſſus des bas-reliefs on voit les trois Graces, le ſacrifice d'Eſculape, & une baccannale de ſculpture antique; les autres buſtes qui ſont au deſſus ſont tous modernes.

A peu de diſtance du Palais ſe trouve une place du même nom, ornée dans le milieu d'une belle fontaine avec quatre ſtatües, dans l'attitude rendüe dans la planche à côté, les pieds appuïez ſur des Dauphins: Ouvrage célébre du Tadée Landini Florentin, ordonné par le Magiſtrat Romain, & mis en place en 1585.

E e

LE

LE PALAIS PAMPHILE.

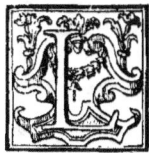A beauté de l'architecture ne répond du tout point à la grandeur de ce Palais, le plus vaſte de Rome après celui de Barberini. Ce ſont trois corps de logis, ou plûtot trois palais immenſes réünis en un ſeul, qui ſont face chacun ſur une ruë différente. L'architecture de celui qui donne ſur le cours eſt extrêmement chargée d'ornemens, & peut-être que la noble ſimplicité de celle du palais de l'academie de France qu'il a à ſon oppoſite ne contribue pas peu à lui enlever de ſon prix. La façade qui répond ſur la place de Veniſe ſeroit excellente, ſi l'Architecte y avoit mis autant de bon goût que de magnificence. Elle eſt d'une étendue conſiderable, & ornée d'une extrêmité à l'autre de ſtucs, & de balcons. La plus belle des trois, ſans doute, eſt celle qui donne ſur la place du College Romain, & que nous donnons ici. Elle eſt du deſſein & de l'éxécution de François Boromini.

On voit dans ce Palais une Sale en voûte, que l'on a couverte des plus beaux païſages ſortis de la main du Pouſſin, collection que l'on ne trouve nulle autre part, & à la quelle on ne peut fixer de prix : l'on y admire auſſi le portrait d'Innocent X., que l'on dit ſans deſſauts, cinq tableaux d'hiſtoire ſainte d'Annibal Carache, une Vierge de Raphaël, pluſieurs tableaux du Guerchin, & du Titien, avec la fameuſe Baccannale, & quelques autres morceaux de Jean Belin ſon maître.

Les autres appartemens préſentent partout le même ſpectacle, & l'on y trouve differens tableaux du Caravage, du Guide, du Dominiquain, d'André Sacchi, de Charles Maratte & d'autres grands maîtres : on eſt ſatisfait entre autres choſes de voir la chambre des oiſeaux, que le Peintre a ſi bien imités, qu'on a peine à ne les pas croire vivans.

Les petits appartemens ont auſſi leurs beautés particulieres. On y trouve une Venus du Titien, deux Pſiché avec un amour d'Annibal Carache, le célèbre tableau du Teniers, une Vierge, & les quatre ſaiſons accompagnées de figures de Paul Brill &c.

Après avoir ſatisfait les yeux ſur tout ce que l'art a de plus parfait en matiere de peinture, & avoir éxaminé une ſuperbe galerie peinte par les meilleurs profeſſeurs modernes, on peut ſans ſortir de ce Palais joüir encore de quelque choſe de bien plus ſolide, & non moins agréable aux hommes qui ſavent penſer; je veux dire de deux belles bibliothéques, l'une pour les belles lettres, l'autre pour la juriſprudence.

On conſerve dans la guarderobe des tapiſſeries tiſſuës en or, quantité de bijoux & de pierreries de grand prix, avec une Cuſtode d'or ornée de pierres fines, eſtimée quatre cent mille livres.

LE

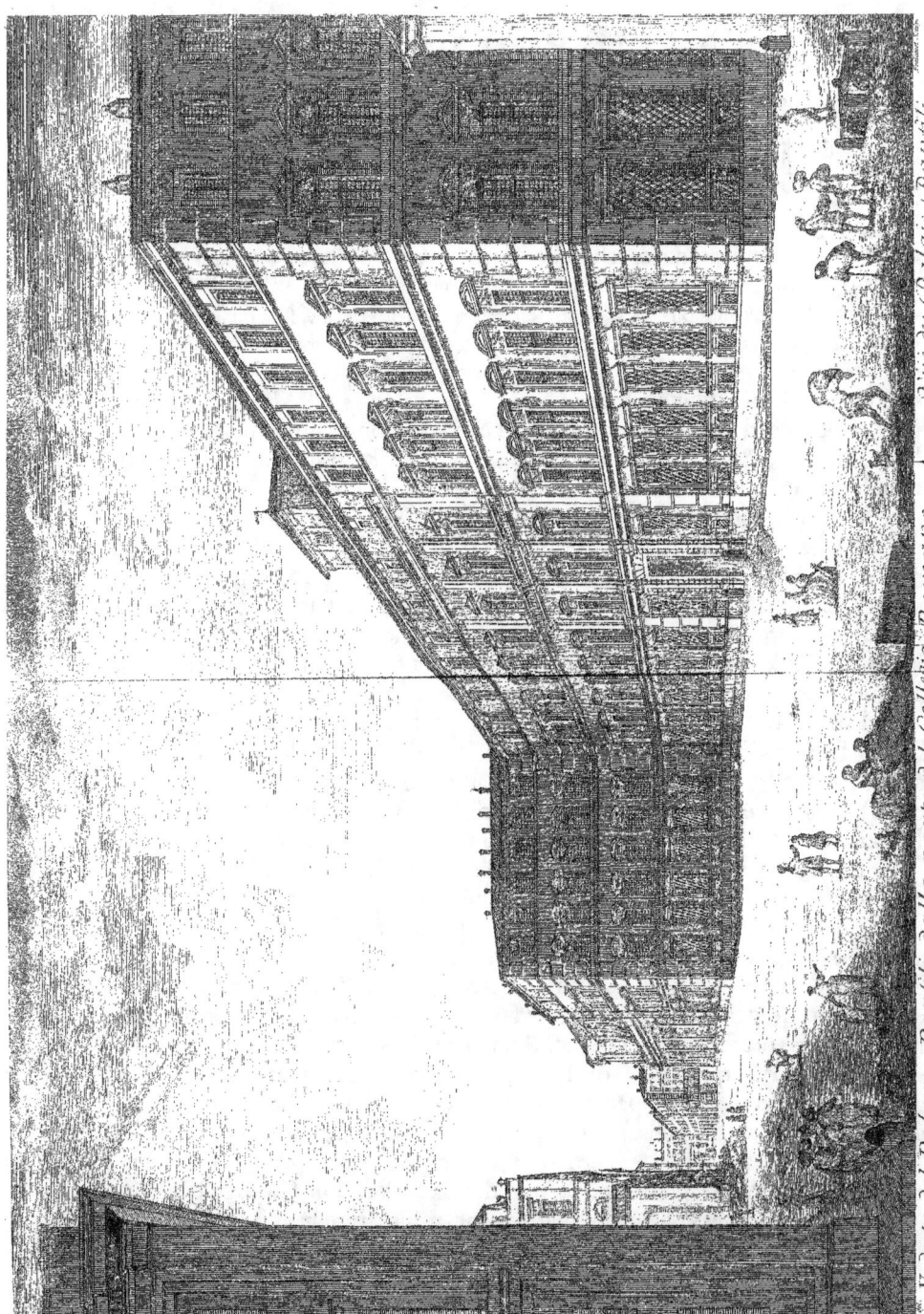

Veduta del Palazzo Panfili dalla parte del Collegio Romano
Architettura del Cavalier Borromini

Vuë du Palais Panfili

1 Collegio Romano. 2 Palazzo del Collegio. 3 Palazzo Matti. 4 Chiesa
5 S. Maria in Via Lata.

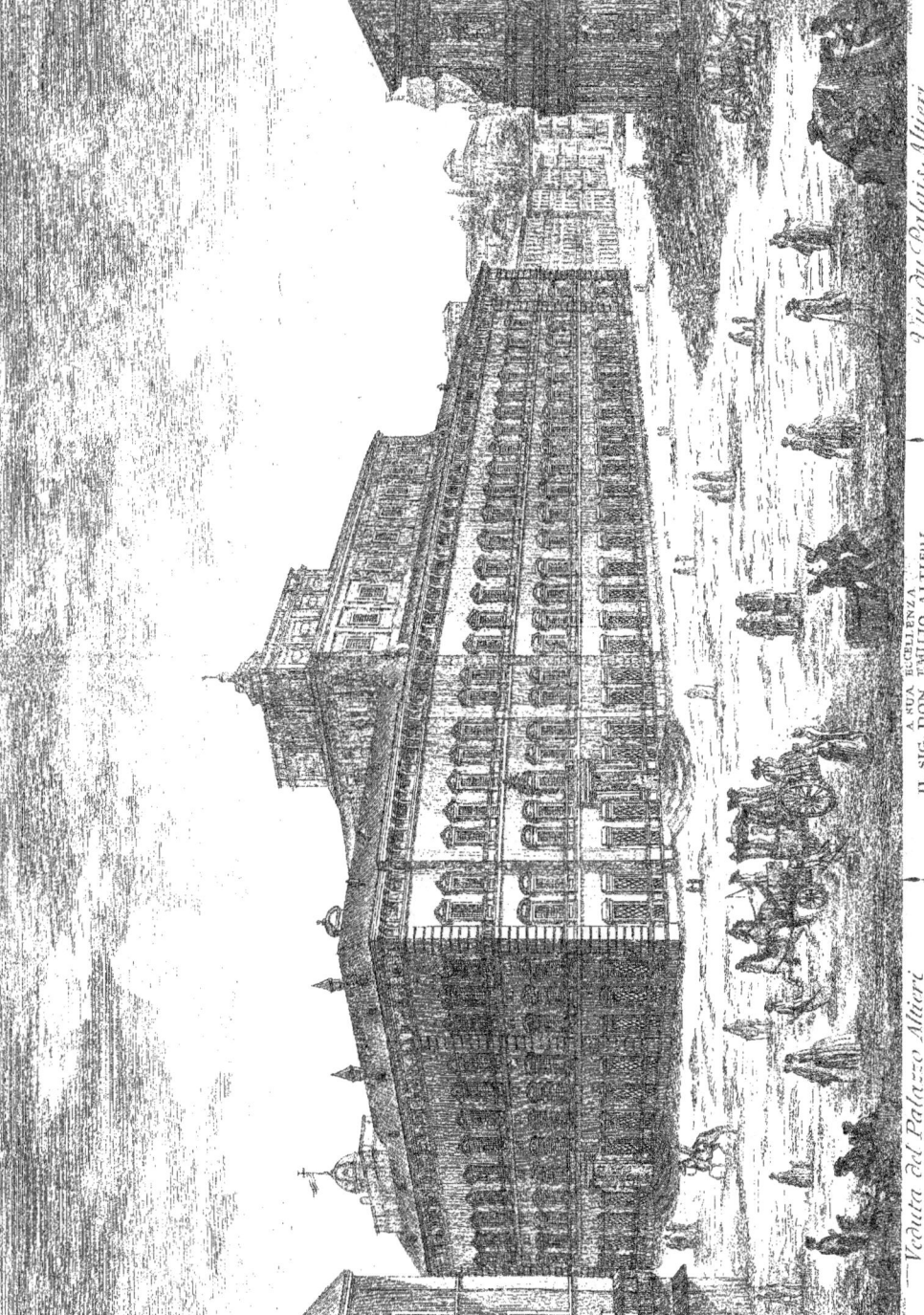

Veduta del Palazzo Altieri

1 Chiesa del Gesù. 2 Palazzo Venezia. 3 Palazzo Pamphilj. 4 Giardino Colonna.

A SUA ECCELLENZA
IL SIG. DON EMILIO ALTIERI
Principe à Oriolo, Viterbo, Pisa, Montenero, à Matricciani ecc.

Vue du Palais Altieri

LE PALAIS ALTIERI.

 E Palais eſt ſans contredit un des plus beaux & des plus
conſidérables de Rome, tant pour l'élegance, de ſon archi-
tecture, que pour la quantité des marbres, ſtatües, peintures, & ſuperbes ameublemens qu'il renferme; mais il ſe
diſtingue ſur tout par une bibliothéque, où l'on voit raſ-
ſemblés à la fois, & les meilleurs livres, & les manuſcrits les plus rares.
Une exacte enumération de ce que ce palais renferme d'admirable nous
méneroit trop loin, nous nous contenterons d'en dire aſſés pour en donner une légére idée à ceux qui ne l'ont pas vû.

Il fut bâti ſous la direction de Charles Antoine Roſſi. Quatre grandes portes conduiſent dans deux vaſtes cours, dont l'une eſt environnée
de portiques, & meine à un grand eſcalier qui conduit aux appartemens,
La plus belle & la plus ornée des quatre portes eſt celle qui répond ſur
la place du Jeſus.

La Chapelle eſt ornée de peintures à freſque, fort eſtimées des con-
noiſſeurs : elles ſont du Bourguignon. Les appartemens ſont d'une richeſſe & d'une élégance admirable; ce qui attire ſur tout l'attention, ce ſont
deux ſtatües antiques de Venus, la tète de l'Empereur Peſcenius Niger,
morceau très rare, un miroir enrichi de quantité de pierreries, une Rome triomphante de marbre verd antique, deux tables de pierre d'azur.
Les tapiſſeries, quelque riches qu'elles ſoient, & quoique la plus part
travaillées en or, ſont peut-être ce qu'il y a de moins précieux.

On y voit une chambre parée d'un brocard d'or, ſur un fond cra-
moiſi, avec un lit d'accompagnement; qui a couté deux cent mille livres: une autre, ornée d'excellentes peintures, telles que les quatre ſaiſons de Guide Reni, deux batailles du Bourguignon, deux tableaux du
Dominiquain, Venus & Mars de Paul Veroneſe, le repas de nôtre Seigneur chez Simon le phariſien du Mutien, le maſſacre des innocens du
Pouſſin, la Vierge du Corrége, S. Gaëtan de Charles Maratte, qui commença
auſſi les peintures de la grande Sale, mais que la mort l'empêcha de finir.

Dans un autre appartement meublé en tapiſſeries de Flandre, on
voit un lit de très grand prix, qui ſervit autrefois à Philippe IV. Roy
d'Eſpagne, donné par ce Prince au Cardinal Mareſcotti, qui en fit préſent enſuite au deffunt Cardinal Altieri : mais comme nous l'avons
déja obſervé, le plus riche tréſor de ce palais ſomptueux, c'eſt ſans dou-
te la bibliothéque, commencée par Clement X. & augmentée par le
Cardinal dont nous venons de parler, qui y employa au de la de cinq
cent mille livres: auſſi eſt elle compoſée de quantité de manuſcrits très
rares, de mignatures fort eſtimées, de medailles, de camées, de livres
chinois, & de manuſcrits d'écorce d'arbre; l'on y admire auſſi une Vierge
de Raphaël d'un prix ineſtimable.

F f   PALAIS

PALAIS CORSINI.

E Palais qui appartenoit autrefois aux feigneurs de la maifon Riari, neveux du Pape Sixte IV. & qui a été habité par la Reine Chriftine de Suede dans les premiérs tems de fon fejour à Rome, appartient aujourd'huy à l'Illuftre maifon Corfini, qui fur le deffein du Chevalier Fuga lui a fait faire des augmentations confiderables & l'a rendu tel qu'on le voit dans la planche. On monte aux appartemens par un efcalier majeftueux & commode a deux rampes, qui a fon entrée dans un Salon dont la hauteur comprend le prémier & le fecond étage, d'une finguliere conftruction. A la hauteur du fecond étage eft un efpece de balcon avec un parapet en grillage qui tourne tout au tour du Salon & qui communique aux appartemens.

Entre les ornemens & les meubles les plus précieux que ce palais contient, il y a une Galerie de beaux tableaux des plus grands maîtres, nous nous contenterons de nommer les fuivans pour n'être pas trop diffus. Un Hérodiade du Guide, un facrifice de Noë de Nicolas Pouffin, un portrait du Cardinal Alexandre Farnefe du Titien, un Portrait du Reimbrant, la Nativité de la Vierge du Carache, une Sainte Famille du Schidone, un Tableau de Jefus Chrift & S. Jean Baptifte du Cignani, une Vierge d'André du Sarto, un autre de Michel-Ange, un Mariage de la Vierge de Paul Veronefe, un'autre Nativité de la Vierge du Cortone, quelques tableaux du Rubens, une S. Famille du Parmefan, des tableaux du Dominiquain, du Baroche, de l'Albane, du Guarcin, de Charles Marate & plufieurs autres de célèbres Peintres.

Il y a auffi une fort belle Bibliothéque enrichie de plufieurs manufcrits & d'un beau recueil d'eftampes originales des plus grands maîtres, formée par la magnificence du Cardinal Neri Corfini qui l'a rendue publique pour la commodité de tous ceux qui veulent en profiter.

Derriere le Palais eft un Jardin délicieux orné de belles Fontaines, avec un bois & des portiques de verdure, ce qui forme un efpece de Théatre où s'affemblent les Academiciens appelés Quirini, pour reciter leurs ouvrages. Au deffus du bois eft une maifon de campagne d'où l'on découvre toute la Ville de Rome, ce qui forme une vuë des plus agréables.

Palazzo Corsini — _Palais Corsini_

A SUA ECCELLENZA
IL SIG. DON BARTOLOMEO CORSINI
Principe d'Ischitella ec.

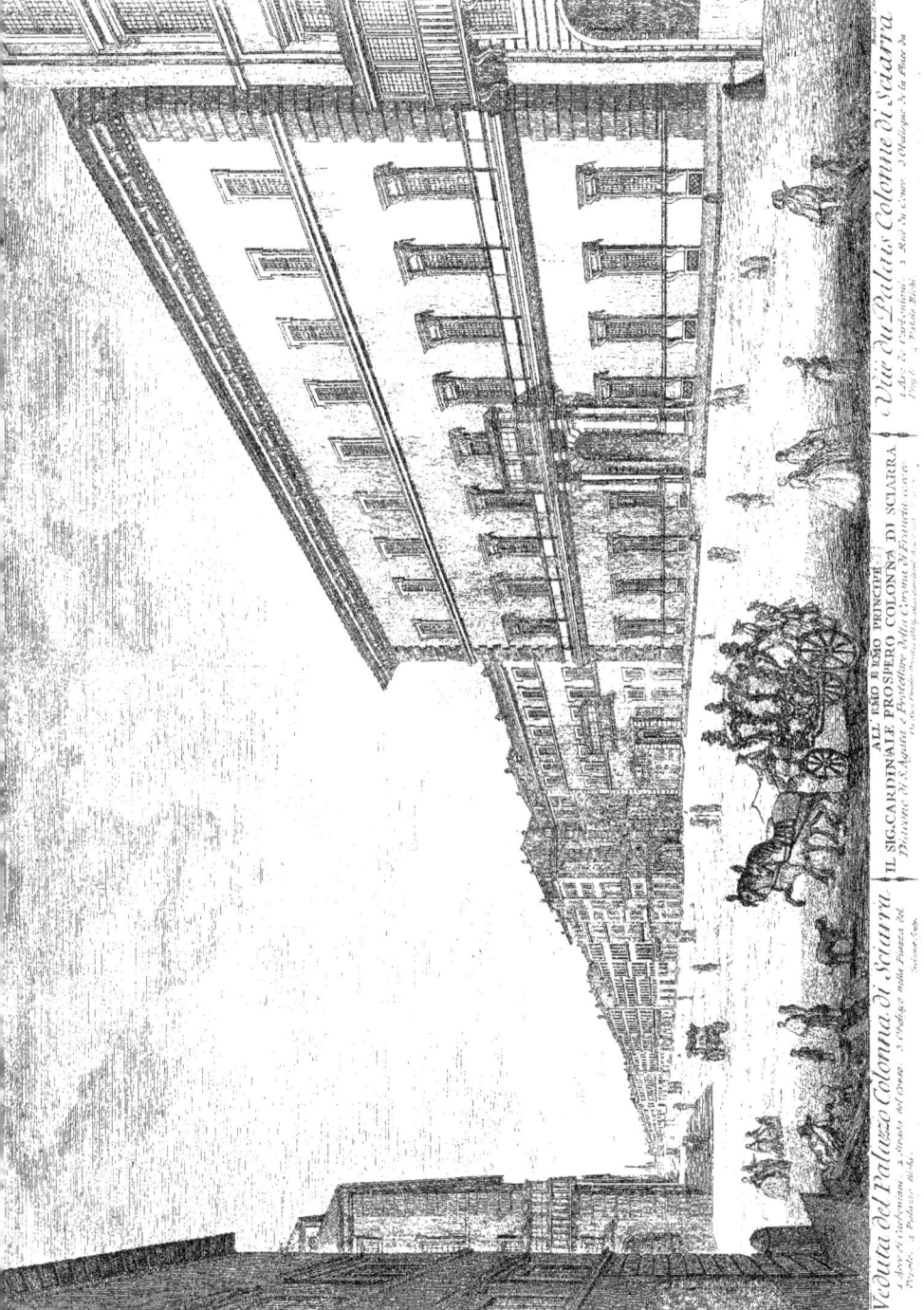

Veduta del Palazzo Colonna di Sciarra | ALL'EMO E RMO PRINCIPE | Vue du Palais Colonne di Sciarra
IL SIG.CARDINALE PROSPERO COLONNA DI SCIARRA

PALAIS COLONNE
DE SCIARRA.

E Palais qui appartient à l'Illuftre & ancienne famille Colonne de Sciarra eft fitué fur la belle ruë du cours; il donne fon nom à la petite place dont il eft le principal ornement, & a été bâti fous le pontificat de Pie IV. fur le deffein de Flaminius Ponfio. Sa porte qui eft d'une très belle architecture eft du célèbre Vignole, les blocs de pierre nommée travertin qui la compofent, font fi bien unis que le tout paroît être d'une feule piéce. Cette porte eft flanquée de deux colonnes canelée d'ordre dorique, avec un entablement dont la frife eft fculptée de divers ornemens en relief, le tout furmonté d'un beau balcon.

Le Palais a trois étages, celui du rez-dechaufsée eft magnifiquement meublé & de bon goût, de même que celui qu'auccupe aujourd'huy le Cardinal Profper Colonne, où l'on voit plufieurs tableaux de bons maîtres, & une bibliothéque choifie, des meilleurs auteurs.

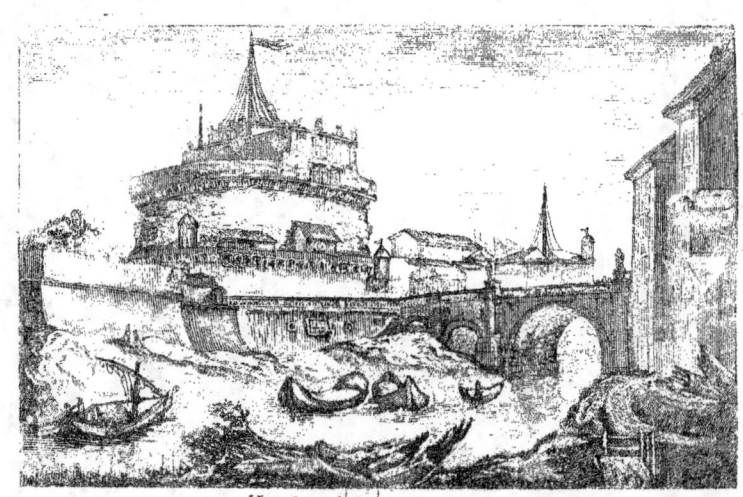

Vuë du Château Saint Ange.

PALAIS

PALAIS MUTI.

E Palais eſt ſitué ſur la Place qu'on nomme de la Pilote a côté du couvent des Religieux de l'Egliſe des Saints-Apôtres. Quoi que cet Edifice ſoit petit, le bon goût de ſon architecture nous a engagé à en inferer ici la Planche ; Il à été bâti ſur le deſſein du Chevalier Mathieu de Roſſi : La Porte Principale eſt compoſée de quatre colonnes avec des pilaſtres d'ordre dorique, le tout de pierre travertin. Elle eſt ſurmontée d'un balcon avec des balluſtres ; la cour forme un agréable jardin & tout l'édifice eſt couronné d'une balluſtrade en pierre avec des ſtatües deſſus, ce qui forme un agréable point de vüe tel qu'on le voit dans la planche.

Les appartements de ce Palais quoique petits ſont d'une belle diſtribution & richement meublés, on y voit quelques tableaux de bons maîtres & quelques ſtatües antiques de bonne main.

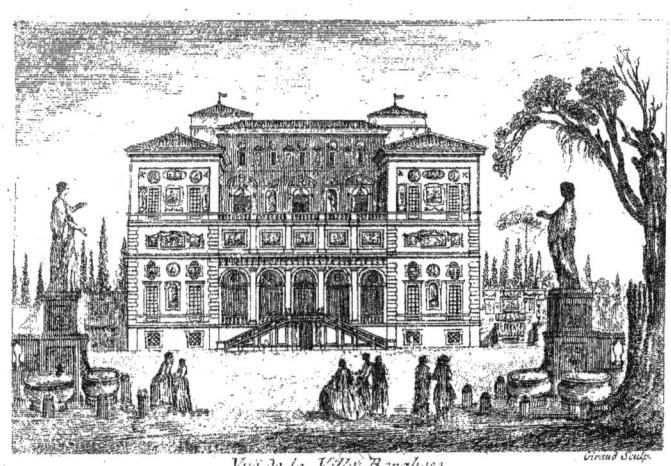

Vüe de la Ville Borgheſe.　　　Giraud Sculp.

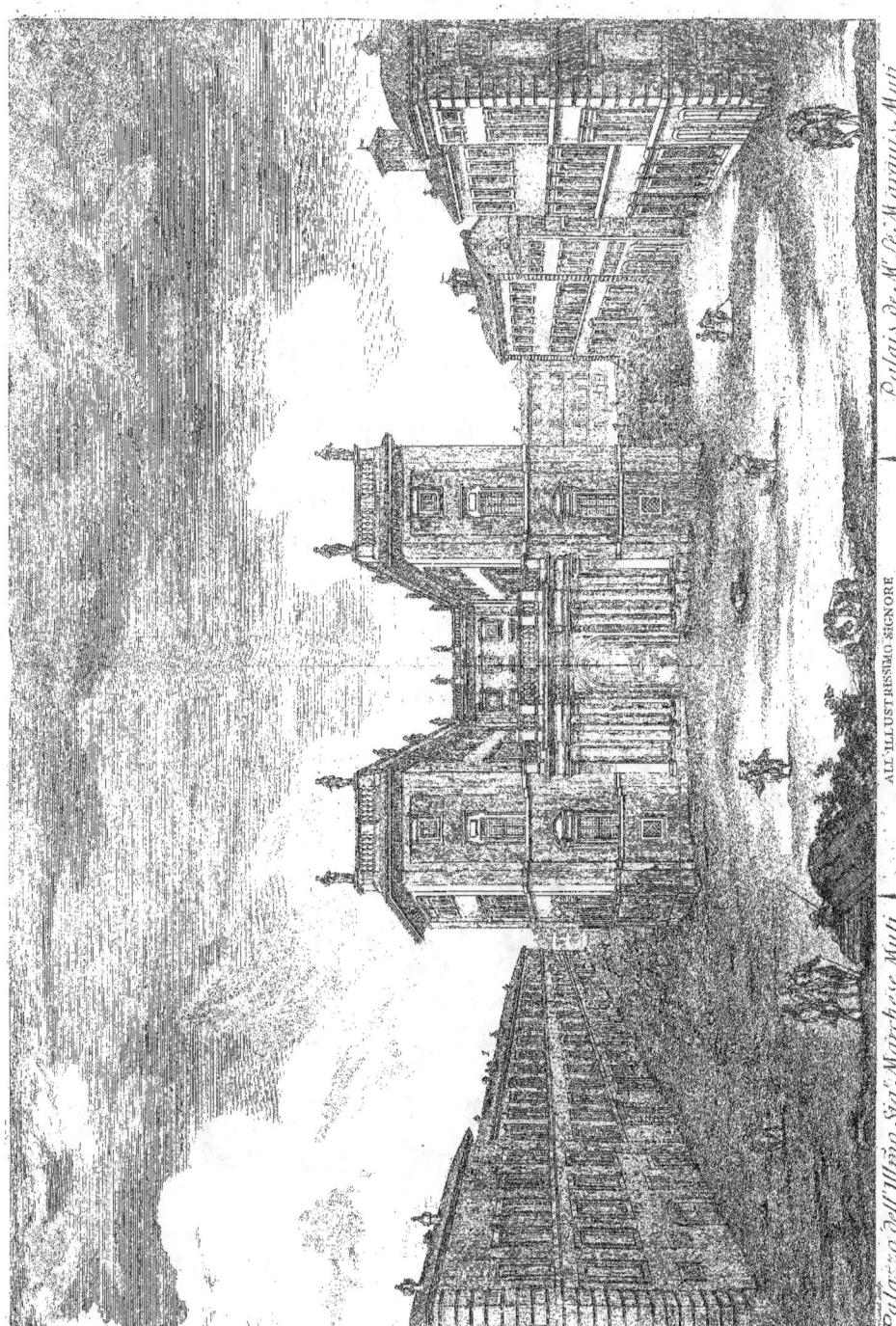

Palazzo dell'Ill.mo Sig.r Marchese Muti | ALL'ILLUSTRISSIMO SIGNORE | Palais de M.r Le Marquis Muti
Dietr. Santi Apostoli. Architettura del Can. Martin. 3. Rossi. | IL SIG. MARCHESE CURZIO MUTI DE PAPAZZURRI | Derriere l'Eglise des S.ts Apôtres. Architecture du Cavalier de Rossi.
I Convento de Padri minori Conventuali de SS.Apostoli | | L'Couvent des Peres mineurs Conventuels de Saints Apôtres

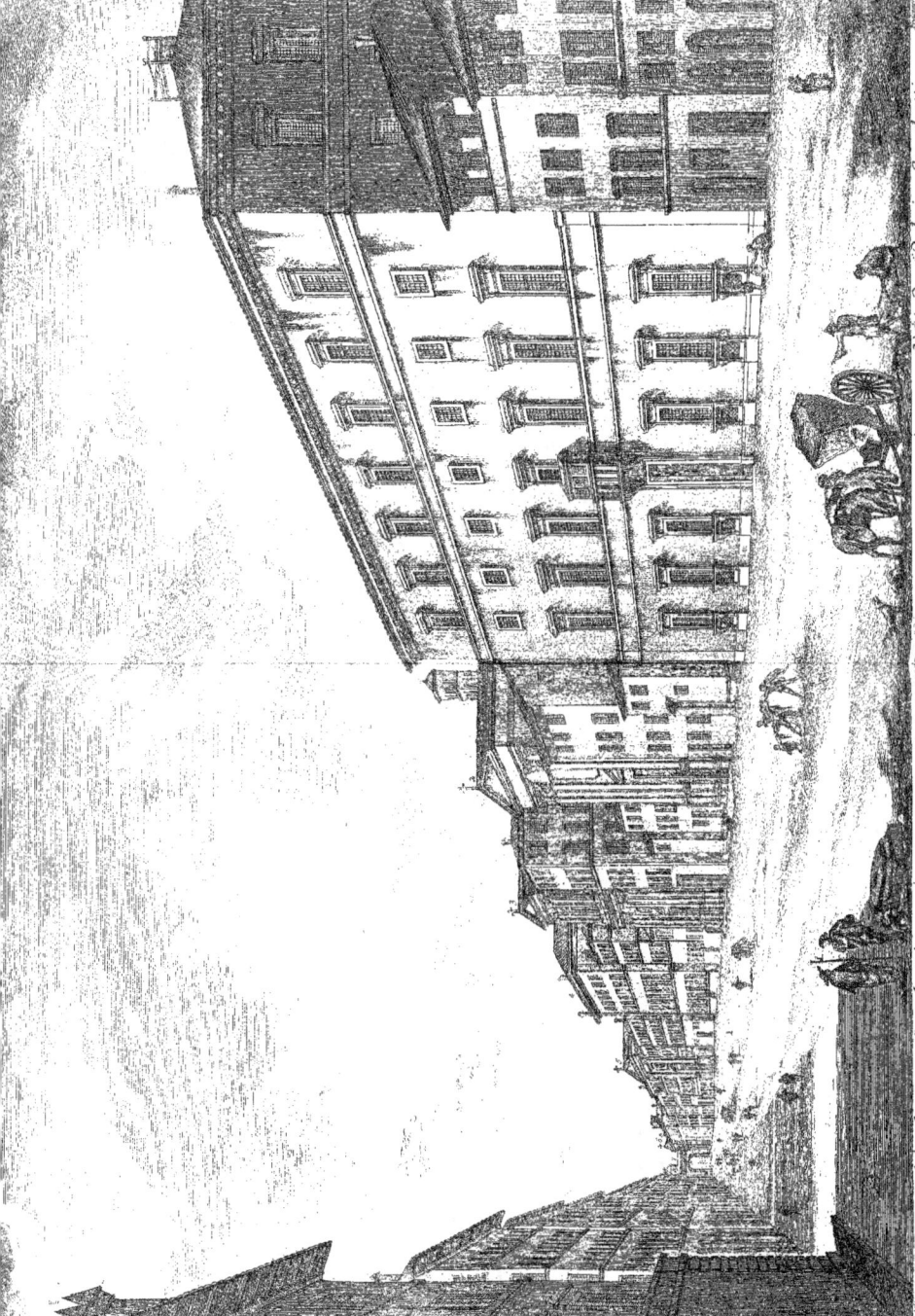

Veduta del Palazzo Sacchetti

Vûe du Palais Sacchetti

AL NOBILISSIMO SIGNORE
IL SIG. MARCHESE GIULIO SACCHETTI

PALAIS SACCHETTI.

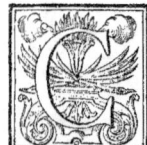

CE Palais est situé dans la rüe Julia, & a été bâti par Antoine de Sangal qui en a été lui même l'architecte, il ap-
partint ensuite à la famille des Leoli, il est à présent de
l'Illustre maison Sacchetti. Ce Palais contient encore plusieurs peintures d'excellents maîtres, entre les plus estimées
on y voit differends faits historiques de l'ancien Testament, peints à fresque sur les murs par François Salviati, il y a aussi plusieurs Bustes & bas-
reliefs en marbre de fort bonne main. Il contenoit une quantité de tableaux des plus grand maîtres, ainsi que divers Bustes antiques des plus
rares dont le Pape Benoît XIV. fit acquisition & qu'il plaça dans le Capitole. Nous nommerons ici les principaux de ces tableaux, pour la satis-
faction du lecteur curieux. Un Antoine & Cleopatre en grand, une Diane dans son char du Guerchin, un Ariane & Bacchus, un petit amour
avec son bandeau & une ame qui monte au Ciel du Guide, l'enlévement des Sabines, David qui fuit devant Saül, le même David qui ab-
bat le Lion, David portant la tête de Goliad, le triomphe de David peints
par Pierre de Cortonne & plusieurs autres tableaux du Carrache, du Dominiquain, du Titien, de Paul Veronése & de differends autres célébres
peintres.

Dans cette belle rüe il y a plusieurs palais & quelques Eglises, qui
meriteroient d'être décrits, mais comme il ne font pas le principal objet de
notre planche & que nous nous sommes proposés de parler seulement
des plus beaux édifices, nous n'en dirons rien ici renvoyant le lecteur
aux differentes Descriptions de Rome qui en parlent.

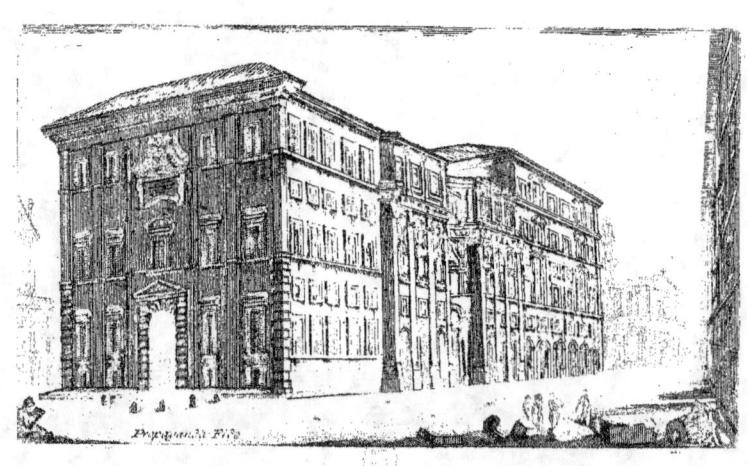

PALAIS

PALAIS DE CAPRAROLE.

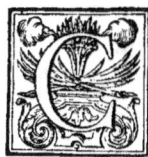

E Palais un des plus beaux édifices de l'Italie, est situé a trente six milles environ de Rome . Il a été bâti par le Cardinal Alexandre Farnese neveu du Pape Paul III. sur les desseins du célébre Vignole, en forme d'un Pentagone., c'est a dire a cinq faces Symetriques, flanquées de Boulevards & le tout entouré d'un large fossé en forme de forteresse .

Le prémier objet qui se présente est un magnifique escalier rampant en fer a cheval, qui conduit à une esplanade au dessous de laquelle on apperçoit en face un grand portique de trois arcades , orné sur les côtés de deux belles fontaines , l'arcade du milieu servant d'entrée à d'immenses souterrains . arrivé sur l'esplanade on rencontre en face un second escalier à deux rampes, qui donne entrée au prémier étage du Palais par un pont levis . Au dessous de l'escalier & du pont levis est une grande porte fermée d'une grille de fer par la quelle s'introduisent les voitures jusqu'au pied de l'escalier principal .

Le voyageur curieux ne sera pas peu surpris de la forme circulaire de la cour , qui semble n'avoir aucune connexion avec l' exterieur de l'édifice dont l'architecte a si bien menagé l'art que l'on n'apperçoit rien des logements pratiqués au dernier étage sur cette même cour, qui d'ailleurs est ornée d'un portique au rez-dechaussée , d'une magnifique galerie au dessus en arcades & colonnes joniques .

On monte aux appartemens par cinq escaliers differends , le principal a limaçon est orné de colonnes d'ordre dorique & de balustres, le tout si bien executé qu'il paroit être d'une seule piéce . Tous ces escaliers, les Loges, les portiques & les chambres du prémier & second étage sont a voûte, & ornées de stucs & de peintures grotesques faites par le fameux Tempesta . Tous les appartemens ont chacun leur beauté particuliere, mais comme le plan que nous nous sommes proposés ne nous permet pas d'en donner un detail circonstancié ; nous dirons seulement deux mots de ce qu'il y a de plus remarquable dans un de ces appartemens où sont peints a fresque sur les murs , les principaux faits du Pape Paul III. de la maison Farnese , & de ses neveux par Frederic & Tadée Zuchari, qui ont aussi fait les peintures de la magnifique chapelle , représentant diverses fictions poëtiques qui leur furent sugerées par le célébre Annibal Carrache .

Entre autres curiositez que ce Palais contient, il y a une chambre où quatre personnes placées chacune dans un coin, l'oreille tournée vers la muraille s'entendent très distinctement quoique parlant a voix basse, sans que ceux qui sont au milieu de la même chambre entendent la moindre parole .

Dans une autre chambre ; si quelqu'un frappe du pied au milieu,

ceux

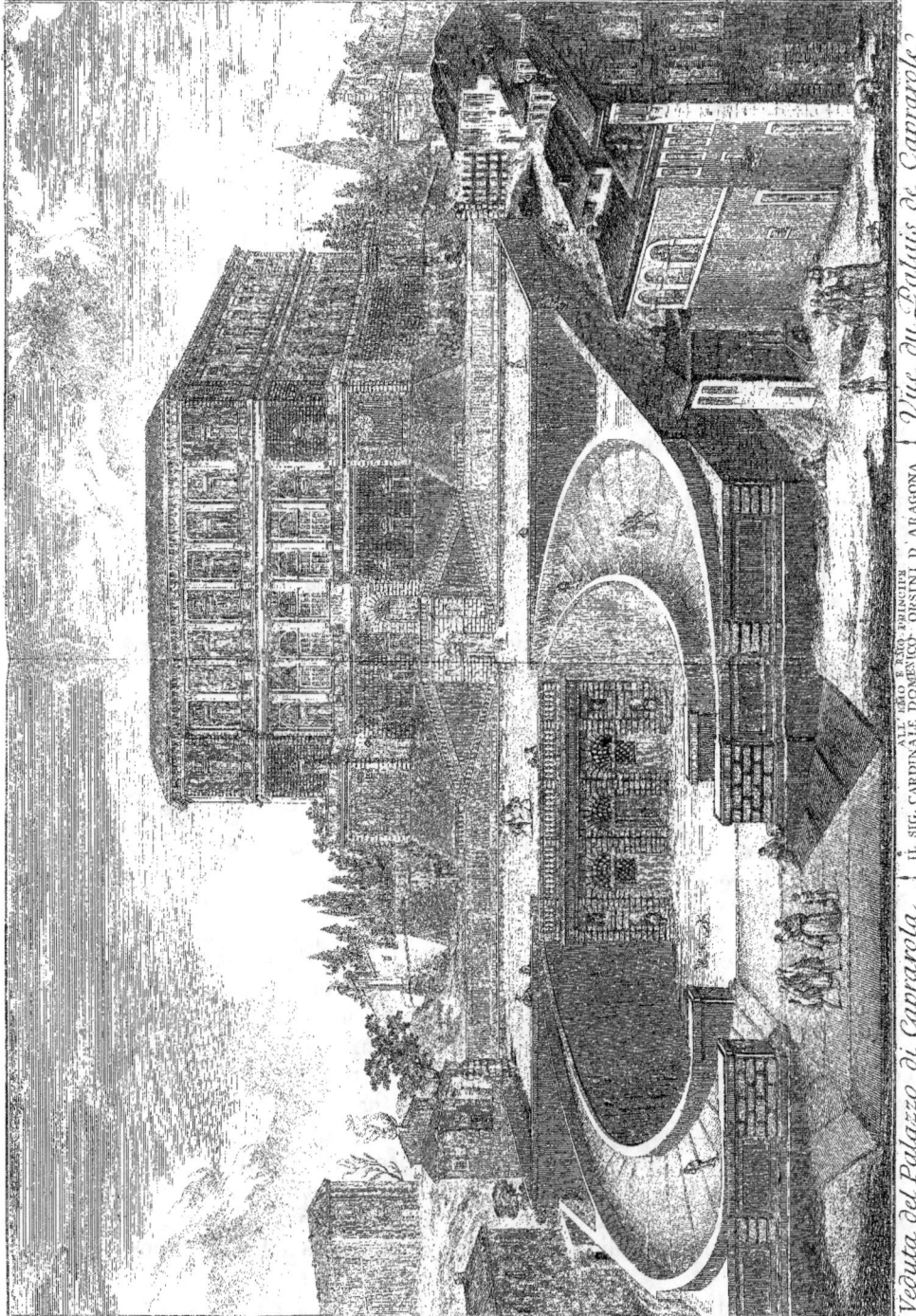

Veduta del Palazzo di Caprarola.   ALL' ORO E B.MO PRINCIPE   Vue du Palais de Caprarole.
                                   IL SIG. CARDINALE DOMENICO ORSINI D'ARAGONA
Architettura del celebre Barozzio da Vignola.   Architecture du célèbre Barozzio de Vignole.

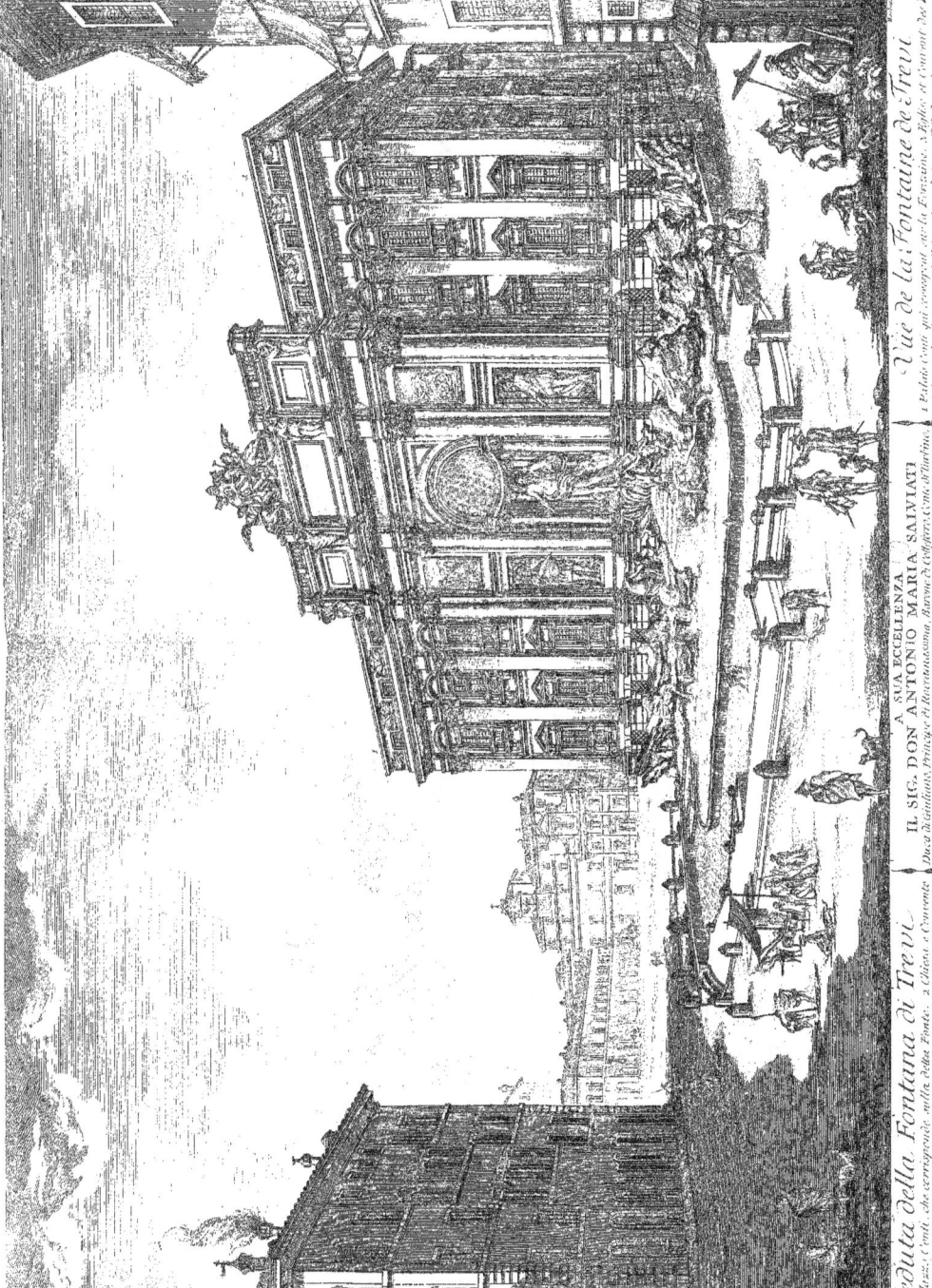

Veduta della Fontana di Trevi

A SUA ECCELLENZA IL SIG. DON ANTONIO MARIA SALVIATI

Vue de la Fontaine de Trevi

ceux qui font dehors entendent un bruit qui fait croire qu'on y a tiré un coup de piftolet.

La Cuifine eft touté d'une feule piéce & les caves font taillées dans le roc, dont la voûte eft foutenüe de pilliers d'efpace en efpace.

La magnificence des jardins répond a celle du Palais, on y voit de fort belles allées, avec des magnifiques fontaines ornées de ftatües antiques particulierement celle du pafteur. Il y a auffi des bofquets qui rendent cet endroit des plus agréables.

FONTAINE DE TREVI.

Ette Fontaine, dite de Trevi, par corruption du mot latin *Trivium*, à caufe des trois grandes ruës, qui aboutiffent fur la place, fut autrefois appellée la Fontaine de l'eau vierge, parcequ'une jeune fille la découvrit à quelques foldats, qui cherchoient à fe défaltérer. *Marcus Agrippa* en fit conduire les eaux à Rome, quoi qu'elles en fuffent éloignées de huit milles, par des canaux fouterains en partie ruinés par Caïus Cefar, mais rétablis par l'Empereur Claude, comme l'on peut s'en inftruire par quelques infcriptions qu'on lit encore fur les pierres de cet ancien acqueduc : & qu'on ne déterra que mille ans après, c'eft à dire en 1560. que Pie IV. rétablit cette Fontaine, une des plus abondantes, & la meilleure de la Ville, ce qui détermina Clement XII. à l'embellir d'une façade plus fomptueufe. Ce Pontife la commença en effet, mais elle ne fut finie que fous le pontificat de fon fucceffeur. Elle eft appuïée fur un des côtés du palais Conti, qui donne fur cette place, en forte que fa fabrique occupant le milieu de l'aîle, fe trouve embellie par les fenétres, qui contribuant à fon ornement, ne laiffent cependant pas d'en laiffer l'ufage libre au palais. Le deffein eft un grand rocher brut, qui s'éleve au milieu de l'eau, embraffe toute la largeur de l'édifice, & foutient quatre colonnes d'ordre Corinthien. Quatre autres colonnes ifolées, portent la niche du milieu, dans la quelle on voit la ftatüe de l'Océan debout fur un char de coquille marine, gouvërné par deux Tritons, & tiré par deux chevaux marins. Tout le grouppe de figures eft pofé fur un lac, qui fe repandant bizarrement & de mille maniéres différentes dans une coquille, placée au milieu des rochers, va de la fe rendre dans un large baffin qui fait le fond.

Dans une niche à la droite eft pofée la ftatüe d'Agrippa, indiquant de la main l'ancien acqueduc qui fut fait par fon ordre, & qui eft repréfenté dans un bas-relief, placé au deffous de fa niche. Dans celle qui eft

I i à la

à la gauche on voit la jeune vierge, montrant l'eau de cette fource aux foldats altérés, ce qui eft encore exprimédans un bas-relief quarré, placé au deffus.

Les quatre principales colonnes font furmontées, chacune d'une figure emblématique, indiquant les avantages que la terre retire du fecours de l'eau: ce qui eft defigné par les fruits, les épics, les raifins, & les fleurs qu'elles portent à la main. Deux beaux balcons de chaque côté terminent cette façade; dans le milieu de la quelle font pofées les armes de Clement XII. & au deffous celles de Benoit XIV. qui a fini l'ouvrage. Chacune a fon Infcription. Le Souverain Pontife regnant CLEMENT XIII. a fait faire en marbre les ftatües qui embelliffent cette Fontaine, qui n'étoient au paravant qu'en ftuc, & y a auffi fait placer fon Infcription.

Le baffin eft contourné d'un beau & large parapet, où l'on defcent par un magnifique efcalier de pierre, fermé de barres de fer, cramponnèes à des bornes de marbre, que l'on a diftribuées à diftances égales.

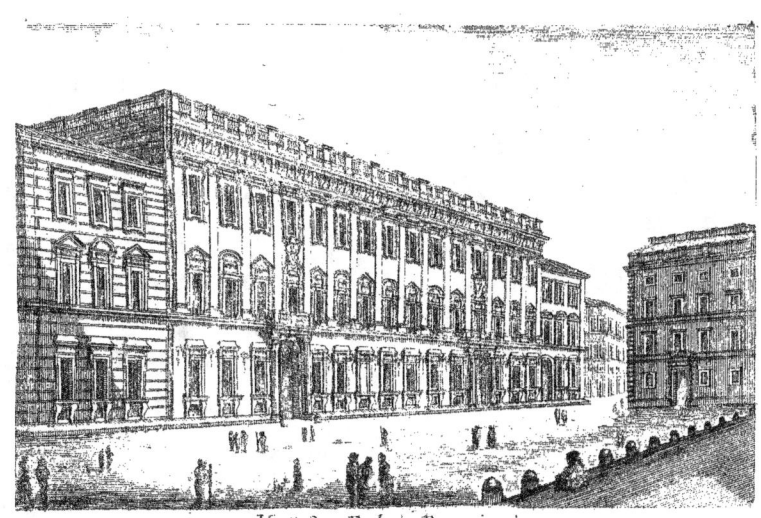

Vuë du Palais Bracciani

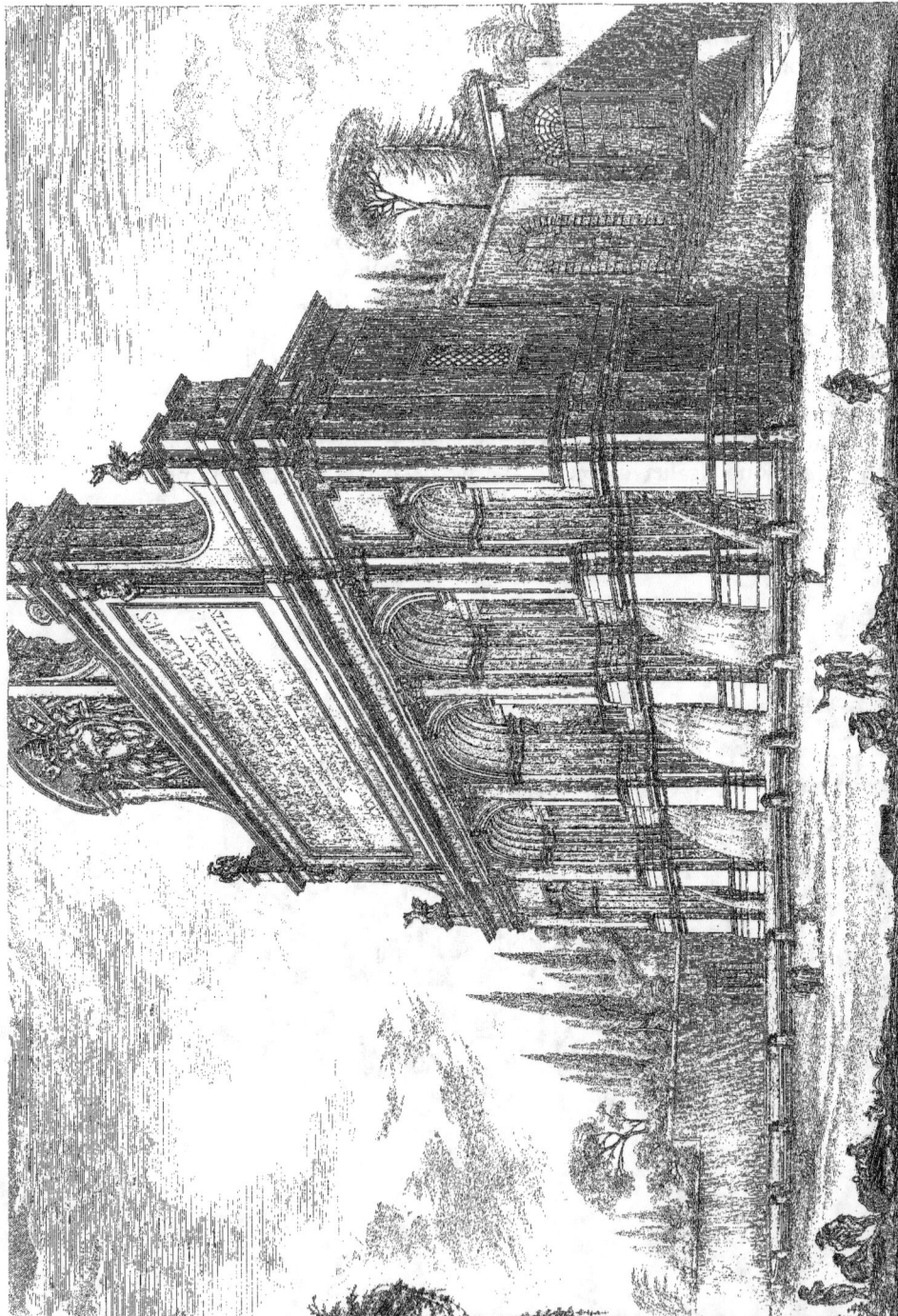

Veduta della Fontana dell'Acqua Paola sul Monte Aureo. Architettura di Domenico Fontana e Carlo Maderno. I Orti Botanici.   D.Maggi Rom.

ALL' ILLMO E RMO SIGNORE
MONSIGNOR PASQUALE ACQUAVIVA D'ARAGONA
Chierico di Camera e Commissario Generale del Mare ec.

Vue de la Fontaine de l'Eau Pauline sur le Mont Aureo. Architecture de Domenique Fontana et Charle Maderni. I Jardin Botanique.

FONTAINE PAULINE.
SUR LE MONT AUREO.

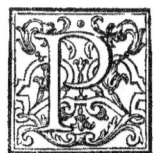

Aul V. qui a fait faire cette fontaine lui a auſſi donné ſon nom. Elle eſt placée derriére l'Egliſe de S. Pierre *in Montorio*, dans un lieu, d'où l'on découvre une partie de la ville. La façade éxécutée par Antoine Fontana, & Charles Maderne, eſt d'un marbre très fin, & les colonnes de granit Oriental. Ses eaux, qui viennent du lac Braciano à 35. milles de diſtance, furent autrefois appellées les eaux Trajanes, parceque Trajan fut le prémier qui en enrichit la ville, ou bien Aurelienes, à cauſe que l'acqueduc qui les y conduiſoit paſſoit par la voïe *Aurelia*. Il en reſte encore quelques veſtiges au deſſus de la maiſon *Benedetti*. Innocent XII. donna une nouvelle forme au vieux canal, en le rendant beaucoup plus large, le revêtant de marbre blanc, & l'élevant à deux palmes de terre, pour laiſſer aux yeux le plaiſir de voir couler ces belles eaux.

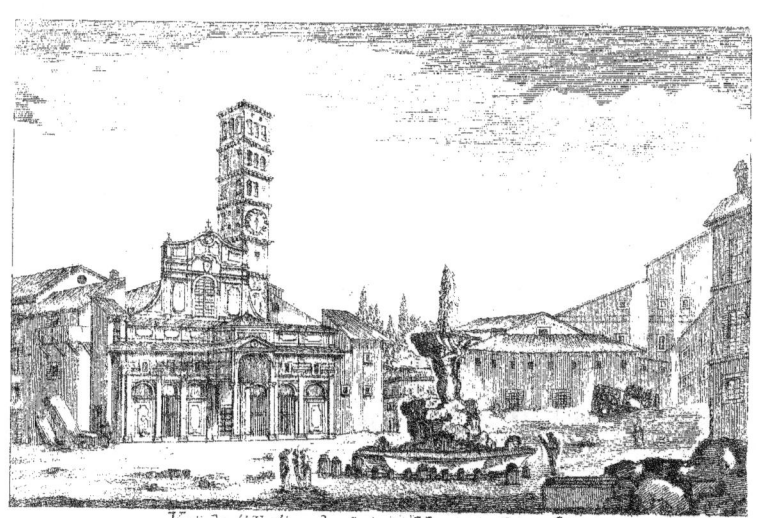

Vuë de l'Egliſe de Sainte Marie in Cosmedin

FONTAINE DE TERMINI.

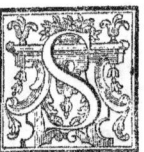Ixte V. qui la fit bâtir, se servit du Chevalier Dominique Fontana pour élever le bel édifice de pierre, que nous présentons dans la planche à côté. Il lui donna le nom de Felix, qu'il portoit avant d'être élevé au Pontificat. Ses eaux font très abondantes, & furent conduites à grands frais du champ Colonne, éloigné de 25 milles de Rome. Elles seules fournissent le Palais Quirinal, le mont Pincio & le Capitole.

Sa façade est composée de trois niches entremélées de quatre colonnes, dont deux font de granit. Dans la niche du milieu est placée la statüe colossale de Moïse, qui frappe le rocher de sa baguette & en fait sortir une source, que reçoivent de très belles Conques de marbre; au dessus des quelles il y a quatre Lions couchés, jettant l'eau par la gueule, dont deux de marbre de sculpture grecque, & deux de basalte, avec des hiéroglyphes Egiptiens. Jean Baptiste de la Porte a travaillé sur la partie latérale à droite, la statüe d'Aaron conduisant le peuple Hébreu vers les eaux du désert. L'autre côte présente celle de Gédéon conduisant pareillement vers le ruisseau son armée prête à perir par la soif, & faisant le choix de ses soldats : Cette dernière statüe est de la façon de Flaminius Vacca, mais l'une & l'autre font d'une sculpture assés médiocre sans en éxcepter même le Moïse, qui est de Prosper Brescian. Au dessus de la corniche font élevées les armes de Sixte V., ayant pour support deux Anges de la main des deux prémiers auteurs, & de la même bonté à peu près que le reste de cet ouvrage.

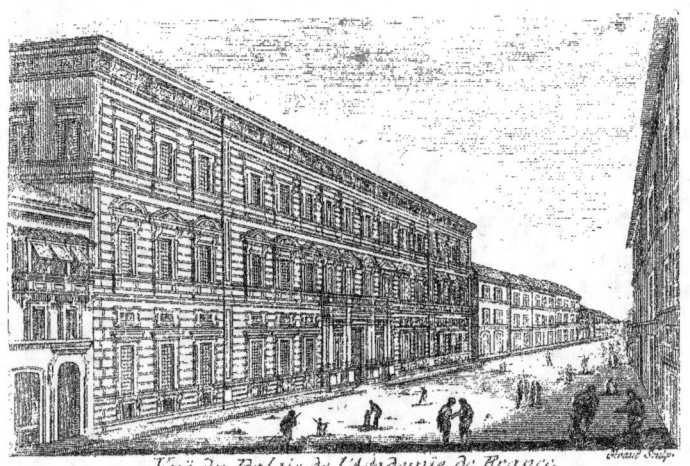

Vuë du Palais de l'Académie de France.

PONT

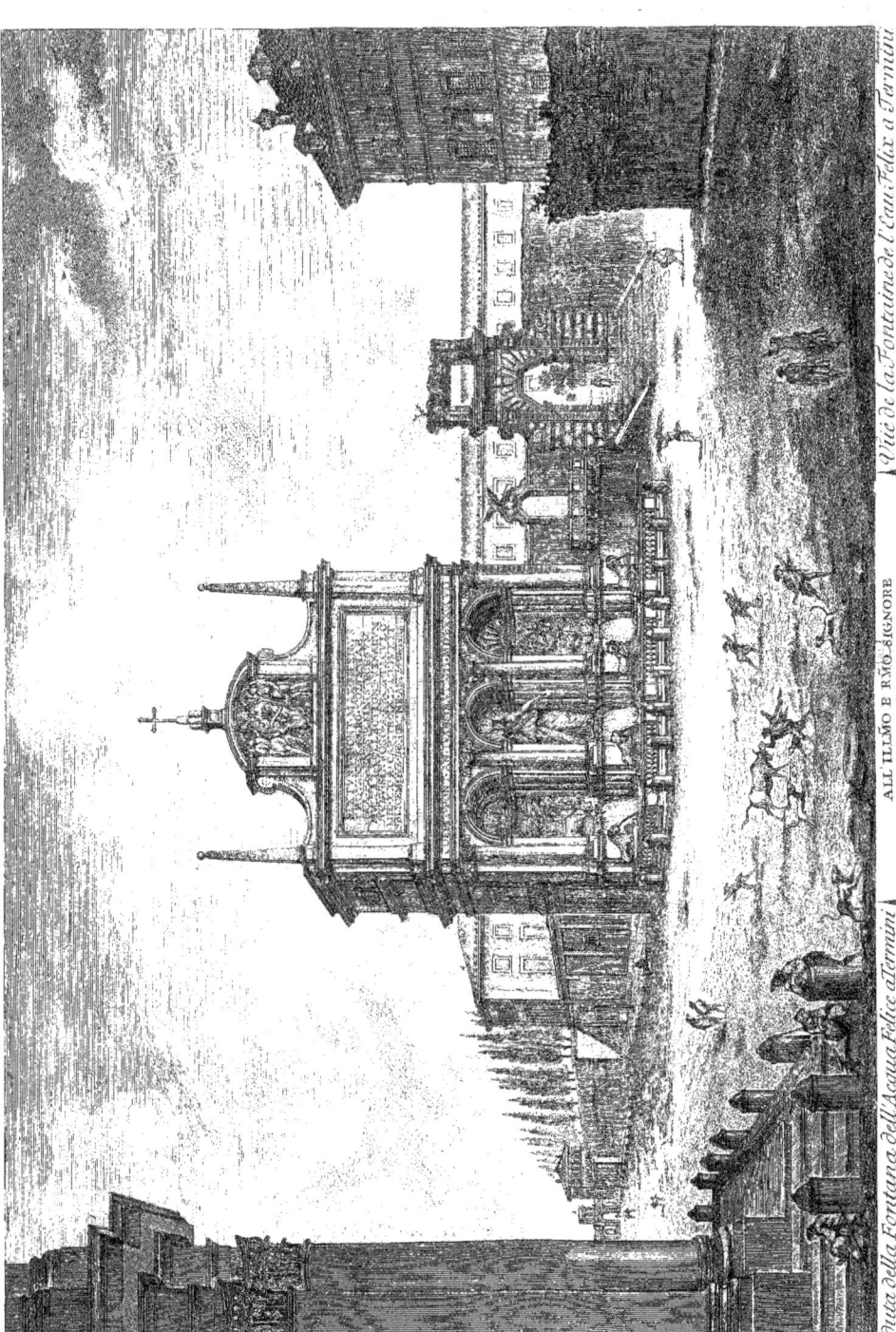

Veduta della Fontana dell'Acqua Felice a Termini

1 Chiesa delle Monache di S. Bernardino. 2 Porta Pia. 3 Villa Costaguti. 4 Convento della Reverenda Camera Apostolica. 5 Casa del Collegio Clementino.

ALL'ILL.MO E R.MO SIGNORE
MONSIGNORE DIOMEDE CARAFFA
Di Colobruto & &.

Vüe de la Fontaine de l'Eau Felix a Termini

1 Eglise des Religieuses de S.te Bernardin. 2 Porte Pie. 3 Maison de plaisance de la Famille Costaguti. 4 Convent de la Chambre Apostolique. 5 Maison appartenant au Collège Clementin.

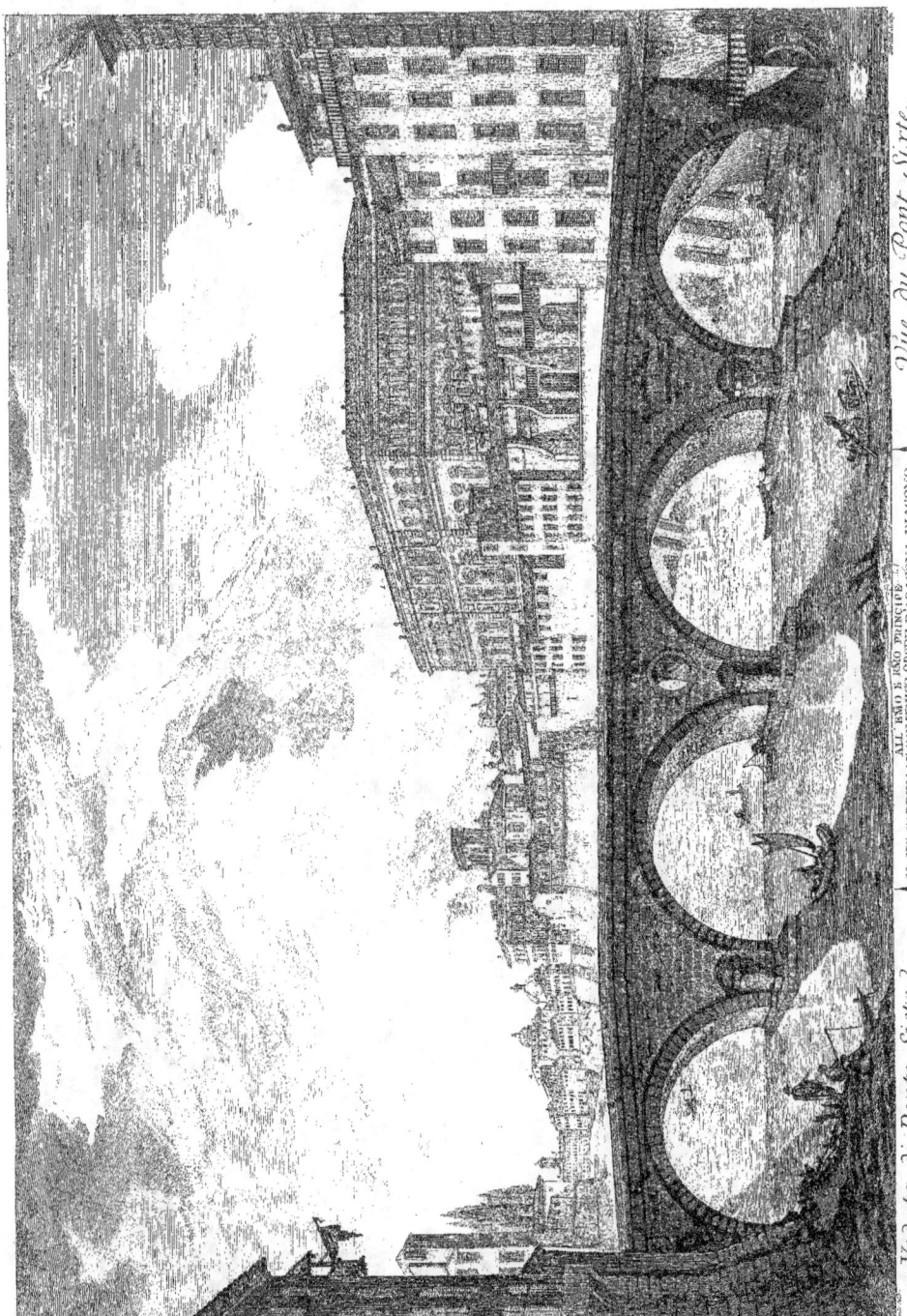

Veduta di Ponte Sisto.

IL SIG. CARDINALE ALL' ENO E SIGO PRINCIPE

1 Palazzo Farnese. 2 Chiesa della Morte. 3 Palazzo Falconieri.
4 Chiesa di S. Giovanni de Florentini. 5 Cappella di S. Spirito.

Vue du Pont Sixte.

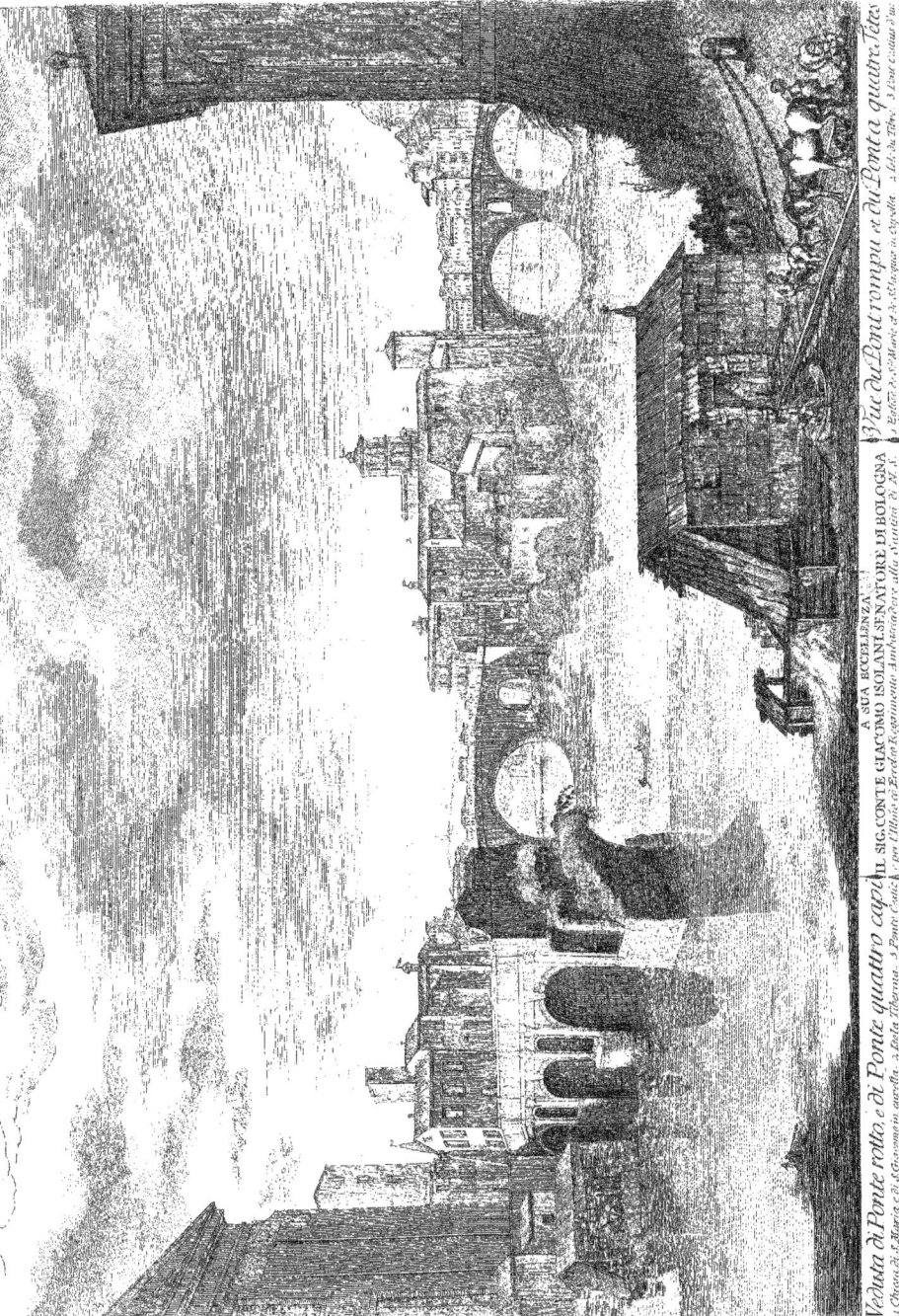

A SUA ECCELLENZA

Veduta di Ponte rotto, e di Ponte quattro capi
IL SIG. CONTE GIACOMO ISOLANI, SENATORE DI BOLOGNA
Vue du Pont rompu et du Ponte quatre-têtes

1. Chiesa di S. Maria in Cosmedin in cappella. 2. Isola Tiberina. 3. Ponte Senio | per l'Illmo, et Eccmo Reginio Ambleciore, per alla Vanità di M. H.
a un arco. 4. Ponte Fabricio a due archi, oggi Atto Ponte quattro capi. 5. Mola
Papa CLEMENTE XIII.

1. Eglise de Ste Marie d'Egoghue in cappella. 2. Isle du Tibre. 3. Pont Cestius à un
seul arc. 4. Pont Fabricio à deux Arcs aujourd'hui appelé Ponte quattro capi.

PONT SIXTE.

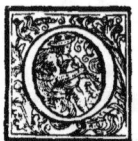

N appelloit anciennement ce Pont *Janiculenfe*, du nom de ce mont auprès duquel il eft bâti; on l'appella auffi Aurelien du nom de la ruë qui conduit à la porte Aurelia . C'eft le même Pont dont parle le Marlien & autres antiquaires, qui affurent qu'il avoit été rebâti en marbre par l'Empereur Antonin , mais ayant été ruiné par l'injure des tems, le Pape Sixte IV. eut foin de le faire conftruire de nouveau, & pofa lui même la prémiere pierre des fondemens le 29. Avril 1473. dès lors on lui donna le nom de Pont Sixte . Il eft de pierre & a quatre arches avec des parapets; fa longueur eft de 72. pas geometriques & fa largeur de trois & demy.

DES PONTS
SENATORIEN, CESTIUS, ET FABRICIUS,
ET DE L'ÎLE DU TYBRE.

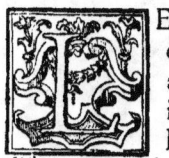

E Pont qu'on appelle aujourd'huy *Ponte Rotto* , étoit anciennement nommé Pont Senatorien au rapport de quelques auteurs, qui affurent que le Senat Romain y paffoit quand il alloit fur le mont Janicule confulter les livres des Sybilles pour les affaires de la Republique . D'autres écrivains difent qu'on le nommoit Palatin, du nom de ce mont qui n'en eft pas éloigné. Il fut commencé par M. Fulvius cenfeur & terminé quelque tems après par Scipion l'Afriquain & L. Mommius. Les innondations du Tybre ont ruiné ce pont différentes fois. Les Papes Jules III. & Grégoire XIII. l'ont réparé , mais l'innondation arrivée en 1598. en amporta deux arches qu'on n'a point rétablies, ce qui lui a fait donner le nom de *Pont Rompu*.

Le Pont qui communique du quartier de Traftevere à l'île du Tybre eft appelé *Ceftius* du nom de celui qui le fit bâtir, il eft d'une feule arche: il fût réparé par les Empereurs Valentinien & Valens comme l'indiquent les Infcriptions pofées fur les parapets.

L'autre Pont qui communique de la Ville à l'île du Tybre fût appelé *Fabricius* du nom de celui qui le fit bâtir, il porte aujourd'huy le nom de *Ponte a quattro Capi* , c'eft a dire aux quatre Têtes, a caufe d'une Tête de marbre a quatre faces qu'on y voit auprès , que quelques uns croyent être la figure de Janus, ou un Dieu Therme. Ce Pont a deux arches avec des parapets qui n'ont rien de remarquable.

I L E D U T Y B R E.

Cette île au rapport de Tite-Live doit fa naiſſance à la grande
quantité des grains enlevés a Tarquin le ſuperbe , & qu'on jetta dans
le fleuve après qu'il eut été chaſſé de Rome : ce grain partie en paille,
partie nud, y étant jetté dans le tems que les eaux du Tybre étoient baſ-
ſes a cauſe de la ſechereſſe de l'été, s'arrêta en cet endroit, & s'unit aux
immondices que l'eau emportoit, cela fit peu a peu un amas de
matiere qui devint ſtable & permanante. L'Induſtrie de l'homme perfe-
ctionna ce que le haſard avoit commencé, de ſorte qu'il s'y forma une
île appellée dans ſon commencement *Meſopotamia* c'eſt a dire entre
deux fleuves.

Le Vaiſſeau qui portoit les Ambaſſadeurs d'Epidaure, étant abordé
a cette île avec le ſerpent qu'ils tenoient pour Eſculape Dieu de la medecine, on la lui conſacra, après l'avoir reduite en forme de vaiſſeau,
ainſi qu'on le diſtingue encore aujourd'huy ; on y bâtit enſuite un Temple
a Eſculape, où l'on mit ce ſerpent & des prêtres pour le ſervir. Quelques écrivains rapportent qu'on y avoit même bâti un hôpital, où quantité de malades ſe faiſoient porter dans l'éſperance d'être plûtôt guéris ;
mais l'Empereur Claude pour empêcher les maîtres d'y envoyer leurs
eſclaves , donna un édit par le quel il declaroit libres tous ceux qui
auroient été guéris & ſoignés dans cet hôpital. Il y avoit encore dans
cette île d'autres Temples dédiés a differentes divinités du Paganiſme.

On y voit aujourd'huy une Egliſe dédiée a l'Apôtre S. Barthelemy
avec un couvent de Recolets qui la deſſervent, & vis-a-vis un bel Hôpital ſous l'invocation de S. Jean de Dieu , deſervi par les freres de la
Charité.

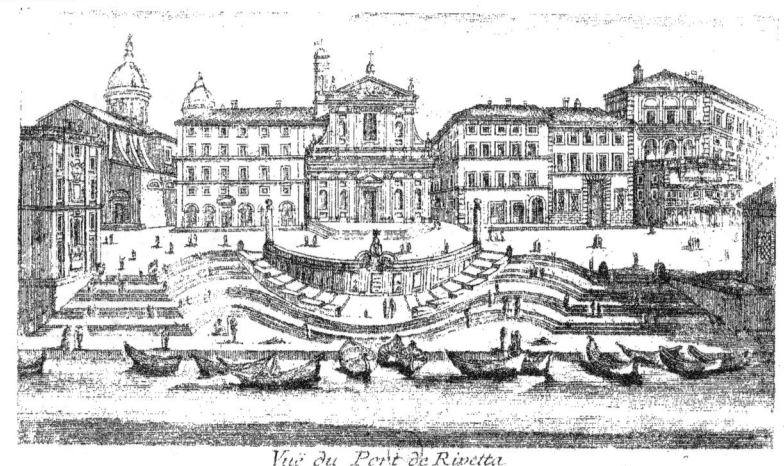

Vuï du Port de Ripetta.

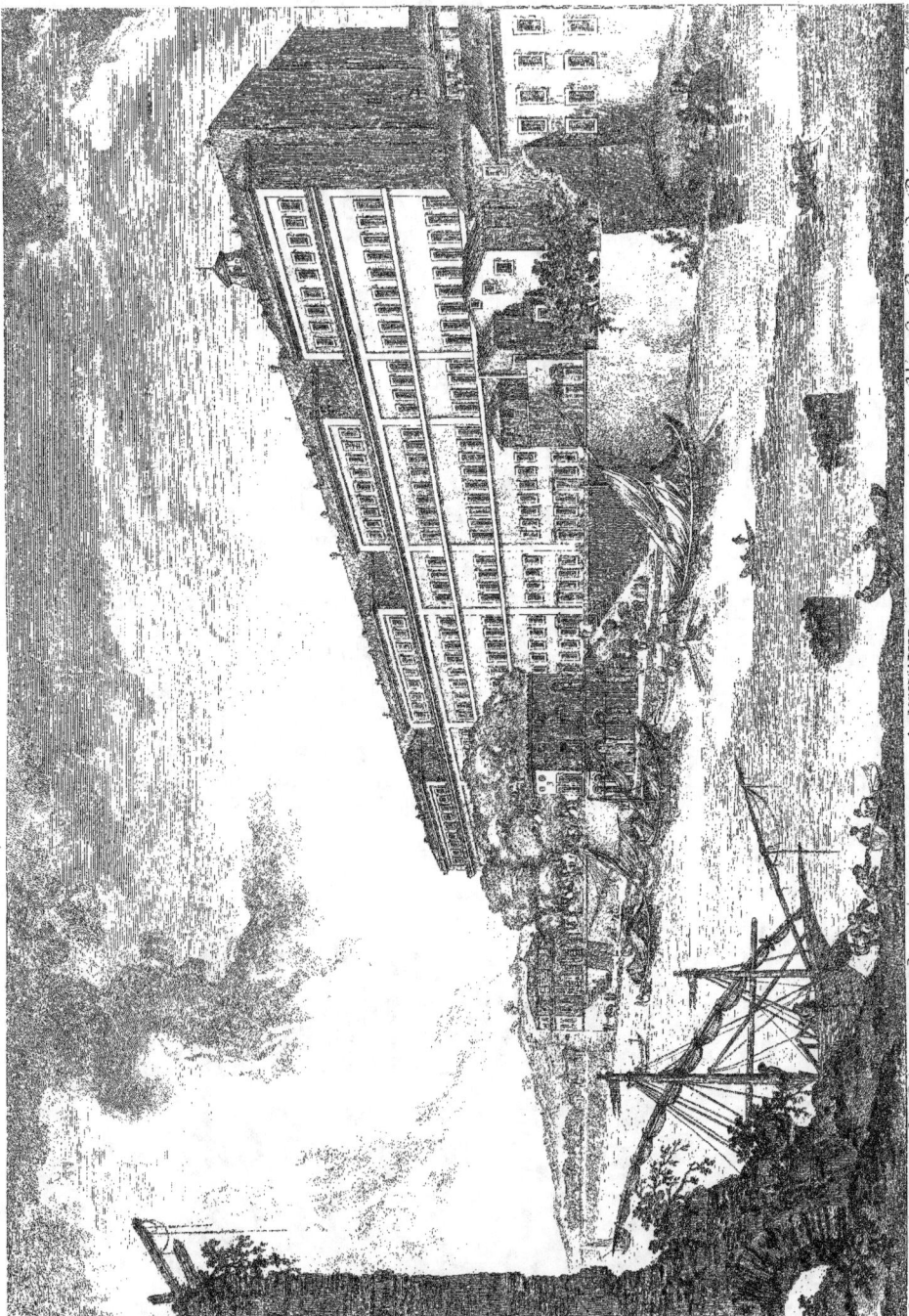

Veduta del Porto di Ripa grande

Vue du Port de Ripa grande

A MONSIEUR

LOUIS DOMINIQUE DIGNE CONSEILLER SECRETAIRE
du Roy. Garde de Nos Archives Consul de France et Rome

PORT DE RIPA GRANDE ▴

IS-a-vis l' ancien port que les romains appelloient *Navali* est le nouveau port de Rome, où les barques & autres petits navires qui montent le Tybre, viennent décharger les Marchandises. Innocent XII. après avoir fait reduire les bords du fleuve en cet endroit, propres au débarquement, & tels qu'on les voit dans la planche sur le dessein de Mathieu de Rossi & de Charles Fontana, fit aussi bâtir par les mêmes architectes, l'édifice de la Doüane pour mettre les marchandises qui doivent des Droits, & pour y loger les ministres.

Le grand Edifice qui fait face sur le port est un hospice, où l'on met les pauvres enfans, fondé par Thomas Odescalchi grand aumonnier d'Innocent XI. & son parent. Cette fabrique fut commencée en 1684. sous la direction du Chevalier Mathieu de Rossi architecte. Clement XI. l'augmenta considérablement & y unit l'hospice des Vieillards de l'un & l'autre sexe qui ne sont point en état de gagner leur vie, & Clement XII. y fit faire des prisons pour les femmes qui ont merité la galere ou autres peines.

Il y a aussi la maison de correction pour les Jeunes gens debauchés, que la police y fait mettre, ou même leurs parens pour les corriger.

On éleve dans cette maison les Enfans nès de pauvres parens, qui ne sont point en état de pouvoir les maintenir, on leur fait apprendre un métier à leur choix, de sorte qu'en sortant de cet endroit ils sont en état de gagner leur vie. Il y a des maîtres en toute sorte de métier à cet effet. On y apprend a travailler les Laines, particulierement a faire des tapisseries dans le goût de celles des Gobelins. Il y a aussi l'étude des Lettres, de la Musique & du Dessein, & une Imprimerie de Caracteres. L' hospice prend son nom de l'Eglise dédiée a Saint Michel, situé dans le même lieu & qui à été construite de nouveau en même tems que l'hospice; l'un & l'autre sont deservi & dirigé par des Religieux des Ecoles pieuses, sous l'administration de trois Cardinaux.

F I N.

M m

TABLE

DE CE QUI EST CONTENU DANS CET OUVRAGE.

N n   Pl.